Olivier ANSART

L'étrange voyage de Confucius au Japon

Golden Nihon Collection / AnimaViva multilingüe

Golden Nihon Collection

dirigée par Jacques KERIGUY

déjà paru dans la collection :

IKKYÛ. L'impertinence au service de la foi
Sôshô YAMADA, 2012, ISBN 978-99920-1-966-5

Penser le nucléaire. Autopsie d'une illusion
Hiroaki KOIDÉ, 2015, ISBN 978-99920-68-06-9
Postfaces : Jean-Jacques DELFOUR / René de CECCATTY

AnimaViva multilingüe S.L.U.
AD700 Escaldes-Engordany, Principat d'Andorra
www.animaviva-publisher.com

Couverture et mise en page : Alberto J. Rodríguez

Illustrations : © D.R. Couverture intérieure : Yushima Seidô, temple confucéen à Tokyo (arrondissement de Bunkyô): vœux déposés par des étudiants avant un examen. Couverture dos intérieur : Yushima Seidô, temple confucéen construit à la fin du XVIIe siècle, détruit lors du séisme de 1923, ensuite reconstruit.

Imprimerie : Bod GmbH, Norderstedt, Allemagne

ISBN : 978-99920-68-07-6
DL : AND.237-2015
ISSN : 2305-8455

Epub :
ISBN : 978-99920-68-08-3
DL : AND.238-2015

mobiKindle :
ISBN : 978-99920-68-09-0
DL : AND.239-2015

Table des matières

Golden Nihon Collection
dirigée par Jacques Keriguy

Who can do justice to Japan without sympathy ;
and how many writers on Japan have a grain of it ?...
But what a horribly difficult thing is to write about Japan !
The effort in itself dries me up.

Lafcadio Hearn, Letter to W. B. Mason,
1st of November 1892.

Cette collection se propose de jeter un regard sur l'ancrage spirituel, social, littéraire, artistique et culturel du Japon ; chaque volume la composant est consacré à un personnage qui, par ses actions, éclatantes ou furtives, par ses mots, exaltés ou secrets, par l'élan qu'il a impulsé, frénétique ou fragile, a introduit une rupture dans les pratiques intellectuelles ou sensibles de ses contemporains et a contribué à modeler l'imaginaire nippon. Ces éclats d'érudition ont pour objectif de bâtir une trame sur laquelle, depuis ses lointaines origines, se noue la mémoire d'un pays qu'un amas de clichés dérobe à la vue de l'étranger.

Appartenant à différentes écoles de recherche ou d'enseignement, les auteurs, japonais ou occidentaux, ont en commun la complicité qu'ils entretiennent avec le sujet de leur étude : non contents de l'insérer dans l'époque où il s'est épanoui, ils cernent les traces de sa mémoire auprès des générations qui se sont succédé jusqu'à nos jours. C'est, me semble-t-il, une façon de mettre en relation les modes de pensée de l'Orient Extrême et de l'Occident, que l'on considère trop souvent encore comme opposés, sinon inconciliables.

Nous croyons tout savoir de la doctrine de Confucius : comme toute représentation mythique, elle continue de nourrir les imaginaires des peuples qu'elle a rencontrés et laisse derrière elle un amoncellement de documents qui ont inspiré les commentaires de nombreux spécialistes. Les études menées sur son introduction au Japon et sur l'utilisation que ce pays en a faite ont abouti à des conclusions érigées en certitudes : qui douterait aujourd'hui que la société japonaise est modelée par une extension, certes singulière, du confucianisme ? Qui mettrait en doute le rôle de cette idéologie dans l'irrésistible montée du nationalisme qui a conforté le régime des Tokugawa pendant deux siècles et demi et inspiré la folie guerrière du début du XXe siècle ? À toutes les exégèses disponibles, faut-il en ajouter une autre ? Oui, sans doute, car nulle pensée, aussi affirmée soit sa présence dans la mémoire collective, n'est immuablement rivée dans la mouvante galaxie de notre histoire. Elle s'appréhende au contraire par avances et par remises en question successives.

Olivier Ansart a longuement interrogé les sources du confucianisme et leurs ramifications les plus ténues dans la société japonaise ; il a analysé l'œuvre d'auteurs influents, comme Ogyû Sorai, qui se sont appropriés les sentences et les aphorismes du Maître, devenus bien commun, et ont rangé leurs propres idées sous son autorité tout en libérant leurs convictions ou leurs intérêts pour en prolonger le cours. Le moment est venu pour lui de présenter une synthèse de ses recherches et d'enrichir le vaste répertoire critique déjà élaboré.

Le présent ouvrage ne remet en cause ni l'intensité des échanges entre le continent et l'archipel ni la rigueur des classifications morales et sociales que le confucianisme a introduites dans celui-ci, ni même la présence de cette doctrine dans l'univers mental des Japonais. Dans cette collection

Golden Nihon, il succède naturellement au volume consacré au religieux bouddhiste Ikkyû Ôshô. Rédigé par le révérend Yamada Sôshô, son successeur au Shinju-an du Daitoku-ji à Kyôto, Ikkyû mit ses nombreux talents de poète, de calligraphe, de peintre au service de la doctrine zen rinzai. Les grands temples bouddhistes, au premier rang desquels se trouve le Daitoku-ji, étaient des foyers de création intellectuelle très actifs ; ils détenaient l'apanage jalousement protégé de la réflexion philosophique et sociale et jouaient un rôle important dans la formation des élites. Au XVIIe siècle, le pouvoir shôgunal prit la décision de leur arracher ce monopole : de nombreux moines quittèrent les monastères avec leur savoir ; des textes étrangers au bouddhisme furent introduits ; ils contribuèrent à fixer de nouvelles valeurs politiques et sociales, à laïciser l'enseignement et, de ce fait, confortèrent le gouvernement en place.

Lecteur critique, Olivier Ansart met en évidence les correspondances et les affinités qui relient tout autant qu'elles dissocient et métamorphosent des œuvres séparées par plusieurs siècles dans des sociétés dissemblables. Il en cueille la substance pour la condenser dans cette synthèse : faisant fi des clichés qui expliquent le comportement quotidien des Japonais par l'empreinte du confucianisme, il insiste certes sur le détournement qui a été fait du modèle chinois par une élite sociale en quête de légitimation sans que disparaisse pour autant le modèle national ; bien au contraire, il s'agissait pour les propagateurs de cette idéologie de justifier ce modèle et de le fortifier en l'arrimant solidement aux croyances shintô et bouddhiste, dont, pourtant tout le séparait, puisqu'il ne se préoccupait que de l'organisation de la société des hommes, quand les deux autres doctrines tentaient de pénétrer les lois de la nature.

Voilà pourquoi l'auteur remarque que le confucianisme japonais ne peut être réduit à l'enseignement d'un corpus constitué, fondé sur des textes canoniques chargés de la sagesse des Anciens, mais qu'il s'exprime dans un ensemble composite de *discours* ; au fond, il n'est que cela, un discours complexe, hétéroclite, erratique parfois, suivant les motivations de ses auteurs ou de leurs commanditaires. À la différence de leurs inspirateurs chinois, les philosophes japonais du XIXe siècle ne pouvaient en effet prétendre aux fonctions décisionnelles, réservées aux samouraïs, mais demeuraient enfermés dans la classe que leur attribuait leur naissance ; quelle part de sincérité dans leurs propos ? Quel point commun, aussi, entre ces textes amalgamés artificiellement hormis leurs références à une tradition ? Eh bien, nous dit Olivier Ansart, le fait qu'ils ont pour objet de justifier des pratiques et des valeurs étrangères à l'essence de la pensée du maître telle que la contiennent les *Entretiens.*

Qui mieux que Montaigne a caractérisé avec plus de pertinence cet apparent paradoxe ? « *Les abeilles pillotent deçà delà les fleurs, mais elles en font après leur miel, qui est tout leur.* »

Jacques Keriguy

Introduction

Pourquoi les Japonais se conduisent-ils comme ils le font ? Pourquoi, à en croire les descriptions disponibles, sont-ils disciplinés, organisés, stoïques, respectueux de l'autorité, travailleurs ? Pourquoi attachent-ils un si grand prix à l'éducation et aux études, aux connections et aux réseaux de relations ?

Supposons qu'ils soient tels que ces affirmations le laissent imaginer : une explication est vite trouvée. Ces comportements, entend-on souvent, proviennent de leur « culture confucianiste ». Leur pays n'a-t-il pas fait partie, avec la Corée et le Vietnam, d'un monde sinisé imprégné de « confucianisme » ? De fait, cette influence culturelle est régulièrement invoquée pour justifier tous les phénomènes et les comportements qui nous surprennent au Japon, depuis le miracle économique de l'après-guerre jusqu'aux réactions populaires devant le désastre de Fukushima, en passant par la civilité, l'ordre social et politique ou le système éducatif.

Pareille explication n'est pas seulement parfaitement circulaire, elle est aussi totalement fausse. Le fait que le bouddhisme, le *shintô* ou l'éthique du samurai, dite *bushidô*, aient été désignés tour à tour avec autant de conviction comme étant les vraies clefs des mystères du Japon laisse déjà présager le caractère *ad hoc* de toutes ces réponses ! L'ambition de cet essai est de montrer pourquoi elles sont inexactes.

Sera d'abord considéré le rôle qu'a joué le « confucianisme » sur l'archipel japonais. En effet, affirmer que la réponse usuelle est erronée n'est pas dire que le confucianisme est absent du Japon. Des *usages* très importants en ont même été faits. Cependant pour comprendre les différentes fonctions qui lui furent assignées et leur rôle exact dans la construction continue du Japon, il faudra s'évader des images d'Épinal, des explications rapides et des clichés.

Cet essai montrera que le confucianisme japonais a essentiellement été un discours. Ce discours a servi à justifier nombre de pratiques et de valeurs qui, elles, n'ont rien à voir avec l'ensemble des pratiques et des valeurs véhiculées par le confucianisme comme il fut compris en Chine. Il en résulte un permanent, et fascinant, hiatus entre les conduites et le discours qui s'est plaqué sur elles. Et puisque le « confucianisme » paraît une très mauvaise réponse aux questions légitimes que nous nous posons sur le miracle (ou le marasme) économique japonais, le stoïcisme dans l'épreuve, l'ardeur à apprendre, la discipline sociale, etc., l'essai évoquera ensuite quelques aspects de la société japonaise qui fournissent une bien meilleure réponse à ces phénomènes.

Confucianisme ou confucianismes ?

Soit, Confucius ne s'est jamais rendu au Japon. Né au milieu du VIe siècle avant J.-C. (disent les dates traditionnelles et peut-être inexactes : 551-479 av. J.-C.), dans la province chinoise actuelle du Shandong, le personnage que nous appelons Confucius (Kongzi en chinois) n'entendit même jamais parler de ce pays. Certes, l'archipel n'était qu'à un millier de kilomètres à vol d'oiseau des côtes de son pays natal, mais il appartenait à un autre monde. À la veille de la révolution technologique qui sera importée par des immigrants traversant la péninsule coréenne, les « Japonais » d'alors, répartis en petites tribus semi-sédentaires, ignoraient encore la métallurgie du fer et du bronze, la riziculture inondée, le tissage, et surtout l'écriture. Et ce n'est sans doute qu'au début du IIIe siècle avant J.-C., bien après la disparition de Confucius, que certains habitants de ce qui est aujourd'hui la Chine apprirent qu'il existait dans les mers orientales un ensemble d'îles faiblement peuplées.

S'il avait connu son existence, Confucius aurait peut-être souhaité se rendre au Japon et y diffuser un enseignement qu'il destinait à tous les humains. Après tout, ne déclara-t-il pas avoir rêvé d'aller, à pareille fin, chez les « barbares de l'Ouest », et, en une autre occasion, vouloir s'embarquer vers le large pour gagner une destination inconnue ? Mais, si Confucius ne s'est pas rendu au Japon, sa pensée, et, plus concrètement les œuvres de ses exégètes, ont, elles, voyagé vers l'archipel. Comme il l'aurait souhaité, elles y ont diffusé son message ; elles y ont même certainement laissé des traces profondes. Nous allons donc examiner ce message tel que l'ont façonné les réflexions de ses porte-parole les plus enthousiastes pendant l'ère Tokugawa (1603-1868), époque où a culminé au Japon le mouvement confucianiste.

C'est un préalable obligé de prendre la mesure de la troublante diversité des significations du terme « confucianisme » et de ses dérivés. Cette diversité est apparemment bien supérieure à celle de la plupart des autres mots dotés du suffixe « -isme », christianisme, communisme, bouddhisme, etc. Ce que nous appelons « confucianisme » désigne en effet couramment – à tort ou à raison – des choses fort différentes les unes des autres, certaines liées, d'autres théoriquement ou pratiquement indépendantes. On en trouvera ci-après, sans ordre, un inventaire rapide et non exhaustif :

- un ensemble de rituels pour les cérémonies marquant l'entrée dans l'âge adulte, pour le mariage et les funérailles ;
- une organisation politique fondée sur un appareil bureaucratique d'Etat, nourri par un système national d'examens des compétences ;
- une morale fondée sur le respect de l'autorité absolue du chef de famille, et, plus généralement, de l'autorité et de la tradition ;
- la théorisation ou la conceptualisation philosophique de cette morale, et de la théorie politique qu'elle implique ;
- des cultes populaires voués à toutes sortes de divinités, incluant ou non une divinité appelée Confucius ;
- une organisation familiale et clanique, caractérisée par la succession agnatique (seulement par les mâles) ;
- une métaphysique articulée autour des notions de raison des choses (理*li*, j. : *ri*) et d'énergie (気*qi*, j. : *ki*) ;
- un type d'enseignement orienté sur la mémorisation et l'étude de classiques ;
- un système de cultes des ancêtres dans les familles et les clans.

Comme si les choses n'étaient pas assez compliquées, il existe aussi des débats, moins sur le contenu du « confucianisme » que sur son émergence comme phénomène historique. D'aucuns y voient un *système* codifié ; ils affirment qu'il faut attendre au moins la dynastie des Song (960-1279) pour parler de « confucianisme ». Par ailleurs, système ou collection de phénomènes, le « confucianisme » et ses références sont utilisés, de manière très différente, pour étudier, comprendre, condamner ou recommander, par des gens parlant de perspectives opposées : universitaires, journalistes ou confucianistes autoproclamés. À la diversité des intentions affichées par ces exégètes correspond une égale diversité du concept : il désigne ainsi un phénomène historique, une réalité sociale ou un programme moral et politique.

Laissons cependant de côté ces derniers points et revenons à la liste figurant ci-dessus pour tenter d'y trouver un point d'appui à partir duquel se construira l'analyse. Cette énumération est fort hétéroclite. Elle comprend des *idées*, des valeurs et des normes, qui peuvent être morales, sociales, politiques, philosophiques, ou même religieuses, ainsi que des *pratiques*, qui, de manière similaire, sont tantôt séculières, tantôt religieuses, parfois quotidiennes, parfois cérémonielles, rituelles ou institutionnelles.

Ces diversités entrecroisées ont eu pour effet d'encourager des conceptions du confucianisme indépendantes, voire exclusives les unes des autres. Une relation est-elle vraiment nécessaire entre la norme morale de la piété filiale et les examens impériaux d'accès à la bureaucratie céleste ? Entre l'idée que l'univers est tout entier régi par un programme aussi bien physique que moral et le culte rendu à une statue de Confucius ? Entre le culte des ancêtres et celui des divinités du sol ? Comment se fait-il qu'un « confucianiste », on le verra plus loin, affirme que Confucius refusait le profit matériel, alors qu'un autre explique avec autant d'aplomb que le profit constituait son unique objectif ? Pourquoi un auteur « confucianiste » dit-il que le devoir envers les parents prime tout, quand un autre prétend que l'obéissance est due au seigneur ; que, pour l'un, les Classiques sont la base de l'enseignement du confucianisme, alors qu'un autre rétorque qu'on peut aussi bien les brûler ?

Il n'est pas surprenant que d'aucuns prennent argument de cette diversité pour parler de confucianismes, mais le pluriel ne résout rien, car il inclut au bout du compte le singulier. Cette option ne sera donc pas considérée ici.

Pour éviter d'être noyé dès le départ dans la nasse de toutes ces significations, il est nécessaire un point d'ancrage solide. Il en est un qui, à l'évidence, se tient à notre portée : tous ces systèmes, ces morales, ces pratiques font référence à un personnage, Confucius, et à son message tel qu'il nous est parvenu dans le recueil de ses aphorismes compilé par ses disciples, les *Entretiens*. Or il apparaît que les *Entretiens* ne mentionnent aucunement certaines des notions qu'englobe souvent le « confucianisme ». Deux exemples : ni le culte de Confucius ni le système d'examens n'apparaissent dans cet ouvrage. Ce qu'il nous offre, en revanche, c'est un riche vocabulaire moral : c'est donc lui qui servira de point de départ à ce livre.

Il est intéressant à ce sujet de souligner que les mots qui, en chinois, en coréen et en japonais désignent le « confucianisme » ne font pas référence à Confucius, mais à des personnages qui officiaient dans les rituels auxquels Confucius attachait tant d'importance, les *rujia* (ch.) ou *jusha* (j.) (儒者). Ce fait ne porte pas à conséquence, cependant : il est clair pour tout Chinois, Coréen et Japonais que ce qu'il appelle *ruxue* (ch., ou *rujiao* ; j : *jukyô*) (儒教) se rapporte, fondamentalement, à l'enseignement de Confucius. C'est d'ailleurs pourquoi les mots *ruxue* ou *jukyô* ont une extension bien moindre que notre « confucianisme ». Ils se réfèrent plus étroitement à l'enseignement et au discours de Confucius, et viennent ainsi opportunément confirmer le point de départ que nous venons de choisir.

Il y a d'ailleurs une raison à l'absence du nom de Confucius dans le « confucianisme » en Chine, en Corée et au Japon : Confucius ne prétendit jamais avoir inventé une nouvelle doctrine ; au contraire, il disait transmettre une culture hautement ritualisée, celle de la Chine ancienne, qui finit avec la dynastie des Zhou (dates approximatives : 1111-249 av. J.-C.).

La pensée morale dans les Entretiens

L'ouvrage qui se trouve au cœur du « confucianisme » a été composé après la disparition de Confucius par plusieurs générations de disciples et d'arrière-disciples. C'est seulement un peu avant notre ère que des versions différentes ont été rassemblées pour aboutir au texte que nous lisons aujourd'hui. Composé d'aphorismes courts, souvent elliptiques, abondant en répétitions, ambiguïtés et obscurités, attribués à Confucius (sans doute un peu trop généreusement), mais aussi à des disciples, cet ouvrage ne nous offre pas une pensée cohérente et claire de bout en bout.

Par ailleurs, les difficultés inhérentes à la compréhension d'une pensée provenant d'un univers mental très différent du nôtre ont longuement été soulignées par de nombreux spécialistes. Si l'on suit certains de leurs commentaires, la pensée contenue dans les écrits à vocation philosophique des quelques siècles avant notre ère dans la Chine antique serait plus incompréhensible encore pour nous que ne le serait celle de voyageurs revenant d'autres mondes situés au-delà des étoiles. Les anciens Chinois, nous dit-on, n'auraient pas disposé des notions de « moralité », de « croyance », de « contenu mental », de « vérité », de « signification », de « psychologie », etc. Leur langue, il est vrai, est en elle-même pour nous déroutante, dans la mesure où elle ne présente pas toujours (sans l'ignorer pourtant) de distinction claire entre verbes, adjectifs et substantifs.

Fort heureusement, ces considérations sont de peu d'intérêt pour notre propos. Il s'agit moins de décoder l'univers mental de Confucius que de comprendre ses recommandations pratiques pour la vie quotidienne, de voir comment sa pensée fut interprétée par des auteurs qui vinrent bien après lui, et d'analyser son impact sur ces derniers.

Si l'on adopte ce point de vue, la lecture des *Entretiens* devient moins problématique. Des aphorismes, souvent laconiques, se dégage irrésistiblement une direction claire : ils composent un tableau destiné aux hommes (au sens général, les humains, mais force est de reconnaître que les femmes n'y paraissent pas souvent). Que doivent-ils faire, comment doivent-ils se comporter ? Ce tableau moral s'inscrit naturellement dans notre vocabulaire.

En premier lieu figure la notion morale par excellence, celle de « vertu ».

Les vertus

Les traducteurs se sont généralement accordés pour traduire par « vertu » le caractère 徳*de* (j. : *toku*), l'un des plus fréquents du texte des *Entretiens*. À l'origine, le caractère *de* semble avoir simplement désigné la disposition, physique ou mentale, des officiants dans des cérémonies religieuses. Mais, dans les *Entretiens*, le caractère semble bien traduit par « vertu », à condition de conserver au terme le sens d'« efficacité », de « pouvoir » (de faire advenir la voie) qu'il avait aussi voici quelques siècles. Dans ce qui suit, le terme « vertu » se réfèrera cependant aux comportements spécifiques que recommandent les *Entretiens*, qu'ils soient ou nom présentés comme des instances du *de*.

Vertus particulières

Quelles sont les vertus particulières selon Confucius ? Le texte des *Entretiens* en mentionne une bonne vingtaine, de l'indulgence à la loyauté en passant par le courage, l'amour, la diligence, la modestie, la cordialité, diverses formes d'obéissance et de respect, la frugalité ou la sincérité. Par ailleurs, certains caractères, qui, à l'origine, ne se référaient pas à des vertus mais à des institutions ou des capacités, peuvent prendre le sens de vertus quand on les considère comme des dispositions envers ces institutions ou ces capacités. La justice (義*yi,* j. : *gi*, dans le sens de « ce qui est approprié ») peut devenir l'amour de la justice. Les rites (禮 *li*, j. : *rei*) peuvent devenir le sens du rituel et le respect des convenances. Le savoir (知 *zhi*, j. : *chi*) peut devenir l'intelligence morale en action. Toutes ces notions sont subsumées sous le concept de Voie (道*dao*, j. : *dô, michi),* présent dans toutes les écoles philosophiques de la Chine ancienne, qui désigne à la fois l'enseignement ou la doctrine et son résultat supposé, l'ordre social et moral idéal.

Malheureusement, aucune de ces vertus ou attitudes n'est définie de manière didactique et systématique. Nous touchons ici aux limites de la forme adoptée pour la rédaction du texte. Non seulement on y trouve peu de définitions, mais, lorsqu'on en rencontre, elles semblent taillées sur mesure pour la personne à laquelle Confucius s'adresse au moment de la rédaction. En ce cas, elles nous renseignent plus sur les lacunes auxquelles Confucius voudrait voir son interlocuteur remédier que sur le contenu de la vertu.

Vertu suprême

Les vertus apparemment les plus importantes sont aussi les plus énigmatiques. Les *Entretiens* enseignent que la vertu suprême, supérieure même à la fameuse « humanité », est la vertu de *sheng* (聖; j. : *sei*). Cette vertu, pourtant, ne fait que de rares apparitions dans le texte. Nous pouvons comprendre, ou deviner, que *sheng* désigne la qualité presque divine des grands sages qui se trouvent à l'origine de la civilisation. Ogyû Sorai, penseur japonais du XVIIIe siècle que nous rencontrerons par la suite, affirmait que cette vertu était radicalement différente des autres : elle était la vertu de ceux qui avaient construit le système moral du confucianisme, une sorte de pouvoir de création des normes morales. Puisqu'elle se tient radicalement hors de portée de l'écrasante majorité des gens, nous la laisserons de côté pour l'instant.

Vertu d'humanité

La vertu centrale dans les *Entretiens* est donc celle de *ren* (仁, j. : *jin*), traduite en langues occidentales par « bienveillance », « humanité », « générosité ». Elle sera ici désignée par le mot « humanité ». C'est elle qui apparaît le plus fréquemment dans le texte. Malgré ce fait, ses disciples remarquèrent que le maître « ne parlait guère de l'humanité ». Ils voulaient sans doute dire qu'il ne tentait pas de l'expliquer. Cette vertu est donc presqu'aussi énigmatique que la vertu de *sheng*. Parfois elle semble être moins une vertu spécifique que le rassemblement en une personne de plusieurs vertus développées au plus haut point. Pourtant, en d'autres endroits, elle paraît signifier la bienveillance, la bonté, l'amour : la volonté de laisser vivre et prospérer, de prendre soin.

Cette vertu d'« humanité » est en tout cas caractéristique des hommes éminents qui apparaissent sous plusieurs noms dans les *Entretiens* (志士 *shishi*, 仁者*jinsha*, 聖人*seijin*, 賢*ken*). L'un des plus fréquemment utilisés est *junzi* (君子, j. : *kunshi*), l'homme de qualité, l'honnête homme, le gentilhomme. Il représente à coup sûr l'idéal moral de Confucius. Le *junzi* rassemble toutes les qualités de son rang, y compris l'humanité, encore que les aphorismes reliant explicitement le *junzi* à l'humanité soient assez rares (au nombre de deux seulement) dans les *Entretiens*. Il peut aussi arriver que *junzi* reçoive sa signification traditionnelle et désigne l'homme noble. En ce cas, est-il écrit, il peut arriver qu'un *junzi* ne possède pas l'humanité.

Vertus générales et vertus de relations

Vertus générales

Les autres vertus sont heureusement plus concrètes. Certaines ne font que de furtives apparitions ; d'autres émaillent sans répit le texte des *Entretiens*. Il est possible de les répartir en deux groupes. Les unes n'impliquent pas nécessairement d'interlocuteurs (ainsi le courage, qui peut se démontrer vis-à-vis de choses ou de situations sans intervention d'autres humains), ou ne supposent pas de relations particulières avec ces interlocuteurs (la dignité par exemple s'applique en toute situation vis-à-vis de nombreux interlocuteurs différents). Ces premières vertus, que l'on pourrait nommer« générales », sont les aptitudes à l'origine non morales mentionnées plus haut – le savoir, le sens du rituel, la justice ou le sens de ce qui est approprié – mais aussi des vertus comme la dignité (*gong* 恭, j. : *kyô*), la diligence (*min*敏, j. : *bin*), le zèle (*qin*勤, j. : *kin*), la cordialité (*wen*溫 j. : *on*) ; la frugalité (*jian*儉 j. : *ken*) ; la modestie (*rang*讓, j. : *jô*) ; le courage (*yong* 勇, j. : *yû*) – rarement mentionné même si Confucius note que l'homme parfaitement « humain », le *renzhe* (仁者), doit posséder le courage, mais que les hommes courageux ne sont pas forcément de grande vertu.

Vertus de relations

Dans un second groupe, on range les vertus, sinon plus nombreuses, du moins plus souvent mentionnées, qui, pour exister, s'appuient sur une relation sociale particulière. *Zhong* (忠, j. : *chû*) désigne le dévouement à la tâche, mais parce qu'une relation hiérarchique est le plus souvent explicite, *zhong* est la vertu de loyauté dans un couple composé d'un supérieur et d'un subordonné. La fameuse piété filiale offerte aux parents, *xiao* (孝, j. : *kô*), en est un autre exemple, qui présuppose une relation entre parents et enfants.

En nous inspirant du vocabulaire développé par les successeurs de Confucius, appelons ces dernières vertus « vertus de relations » ou « vertus relationnelles ». Elles ne visent en effet que des interlocuteurs particuliers, à l'exclusion de tous autres, et non le genre humain dans sa totalité, ou la personne en tant que personne. En d'autres termes, ces vertus n'existent qu'à travers les relations qu'elles construisent. L'importance accordée à ces vertus et à ces relations particulières est une première caractéristique du discours moral du confucianisme ; elle sera élaborée et plus encore formalisée après Confucius.

Les relations de base appellent et permettent les vertus « relationnelles ». Dès les *Entretiens*, elles sont au nombre de cinq : relations entre le maître et le serviteur, entre la femme et le mari, entre les parents et les enfants, entre le cadet et l'aîné, entre amis, enfin. Plus tard les trois premières relations ont été appelées les « Trois liens » (l'expression vient pourtant d'un adversaire de Confucius) ; réunies, elles ont été désignées par l'expression les « Cinq relations ». Quoi qu'il en soit, dans les *Entretiens*, une société n'est composée que de ces relations.

Le corollaire, notons-le, est que l'individu n'existe qu'en tant qu'élément des relations qui le définissent. Un confucianiste japonais, Itô Jinsai, le dira très clairement bien plus tard : « *Qu'est-ce que l'être humain ? C'est le maître ou le serviteur, le parent ou l'enfant, le mari ou la femme, l'aîné ou le cadet, l'ami, enfin.* » Parce que chacun de ces humains suppose un autre humain pour exister comme humain, le même auteur ajoute : « [...] *La voie* [de Confucius] *ne distingue pas le soi des autres.* »

Une de ces cinq relations de base unit les égaux, les « amis ». Elle est gouvernée par une vertu qu'on pourrait qualifier de « symétrique », parce que démontrée par les deux parties impliquées dans cette relation, *xin* (信, j. : *shin*), la bonne foi ou la sincérité ; c'est la sincérité que l'honnête homme met dans ses engagements et, plus spécifiquement, dans les engagements qu'il prend vis-à-vis de ses amis. Cette relation semble engendrer un cercle vertueux, puisque *xin* désigne aussi la confiance qui résulte de la sincérité. C'est une des vertus cardinales : non seulement elle se situe parmi les plus souvent mentionnées, mais son importance est expressément soulignée.

Cependant, celle-là mise à part, toutes les autres relations sont hiérarchiques : elles appellent et permettent des attitudes – des vertus – différentes selon que le pôle considéré est inférieur ou supérieur. Les « vertus de relations » caractéristiques des pôles inférieurs de ces relations – serviteur, épouse enfant, cadet – sont désignées par des noms divers (« loyauté » du serviteur, « fidélité ou soumission » de la femme, « respect » du cadet, « filialité » des enfants), mais elles reposent essentiellement sur l'obéissance.

Obligations des supérieurs

Le pôle supérieur dans ces relations – maître, mari, parent, aîné – a, lui aussi, une obligation à remplir ; l'accomplissant, il doit manifester une vertu. Les *Entretiens*, cependant, demeurent bien silencieux sur ces obligations et vertus. Un exemple : le caractère qui, selon les commentateurs, désigne l'amour que les parents doivent à leurs enfants (c.*i* 慈 ; j : *ji*) apparaît une seule fois dans le texte. Admettons, de manière charitable, que l'obligation de soin due aux personnes dont un supérieur est responsable était moins codifiée que les divers visages de l'obéissance. Plusieurs vertus, parmi celles qui apparaissent avec une fréquence moyenne, semblent en effet se référer à une obligation – de bonté, de bienveillance – envers des inférieurs. Outre le fugitif amour paternel, cette obligation est parfois la « générosité », *hui* (惠, j. : *kei*) dont il est dit une fois qu'« *elle permet de commander les autres* »), parfois la « tolérance », *kuan* (寬 寛, j. : *kan*), ou encore la « considération indulgente », *shu* (恕, j. : *jo*) qui a parfois une application générale puisque le caractère, rarement mentionné dans les *Entretiens*, apparaît lors d'une des deux mentions de la précieuse Règle d'or : « *ne fais pas à autrui ce que tu ne voudrais pas qu'il te fasse* », enfin *l'amour*, *ai* (愛, j. : *ai*).

L'amour est cité dans une phrase célèbre pour définir la mystérieuse humanité ; il désigne « l'amour des gens ». La vertu d'humanité caractérise l'homme supérieur, et nous devons sans doute voir dans cet « amour », comme dans la générosité, la tolérance ou la considération, les différentes facettes du soin que le supérieur prodigue aux gens dont il a la responsabilité.

Il est tentant de voir dans ces responsabilités et ces devoirs mutuels, l'idée, au moins implicite, que les gens placés dans les positions inférieures ont des *droits*. En effet, ceux qui occupent les positions supérieures n'ont-ils pas clairement envers eux des *devoirs* ? Cette attente, cependant, relève de l'anachronisme. Dans le confucianisme, les devoirs des uns n'impliquent pas des droits pour les autres. Quand ceux qui sont en position supérieure manquent à leurs devoirs, que faire ? La question peut recevoir plusieurs réponses. On verra même que le renversement des tyrans a pu être légitimé. Pourtant, il ne s'agit jamais d'affirmer le droit des opprimés, mais simplement de sanctionner le vice ; nombreux d'ailleurs sont ceux qui trouvent la rébellion répugnante, en quelle que circonstance que ce soit. En tout cas, à l'intérieur de la sphère domestique, la soumission est exigée, même si elle doit s'accompagner de remontrances, et la pire des justifications vis-à-vis de parents indignes est la dissimulation.

Dimension politique et la famille

Ce qui précède nous invite à considérer la dimension politique de cette morale. Selon les *Entretiens*, l'obéissance du fils à ses parents, du serviteur à son maître, de la femme à son mari, du cadet à l'aîné sont à la racine de l'ordre social et politique. Une expression de cette pensée se trouve au tout début du texte : « *La piété filiale et le respect des aînés sont les racines même de l'humanité* » (la grande et énigmatique vertu). La fidélité et la loyauté sont mentionnées à la suite de cette phrase.

On le voit, la pensée politique de Confucius est donc fort simple. Chaque membre d'une communauté humaine est placé à l'un ou l'autre des pôles des trois ou des cinq relations de base (et souvent, bien sûr, il appartient à plusieurs relations). Les inférieurs doivent obéissance aux supérieurs ; ces derniers leur doivent en retour soin et protection. Dans chacune de ces relations, tout individu trouve « ce qu'il faut faire ». Dès lors que chacun sait où il est et ce qu'il lui faut faire, l'ordre social est assuré, la société idéale est réalisée. La morale a atteint sa dimension politique dans le sens où l'ordre politique est assuré par la morale des individus.

> *Le duc Jing de l'État de Qi posait à Confucius des questions sur le gouvernement. Celui-ci répondit : « Que le prince soit prince, les sujets sujets, les pères pères, les enfants enfants. »* (Entretiens, XII-11.)

Notons cependant que, dans ces relations qui composent l'ordre social, les relations familiales ont une telle importance que le devoir des enfants envers leurs parents paraît primer toute autre obligation (bien sûr tous les gouvernants n'apprécieront pas cette conclusion).

> *Le duc She parlant à Confucius lui dit : « Chez nous il y a un homme appelé le Droit ; alors que son père avait volé un mouton, il témoigna contre lui. » Confucius rétorqua : « Chez nous ceux qui sont droits sont différents. Le père dissimule pour protéger son fils ; le fils dissimule pour protéger son père. C'est là que réside la droiture. »* (Entretiens, XIII.18.)

Cette priorité accordée à une relation somme toute privée semble curieuse. La pensée de Confucius prétend organiser le monde humain. Elle a de ce fait une vocation politique. On verra d'ailleurs plus bas que cette priorité a posé problème, particulièrement au Japon où les conflits entre la piété filiale due au père, la loyauté due au seigneur, l'obéissance due au pouvoir politique, etc., ont longtemps été reconnus et longuement commentés. Mais, c'est une autre de ses caractéristiques, la pensée que nous livrent les *Entretiens* et les commentaires qui en seront faits ignore tout hiatus entre ces domaines que nous appelons privés et publics. L'ordre familial sert de fondement à l'ordre régissant la communauté ; qui remplit ses obligations dans la famille les remplit dans la communauté. On peut lire dans la bouche d'un disciple de Confucius une première rationalisation de ce lien rapportée dans les *Entretiens* :

> *Il ne se trouve guère de bon fils et de bons frères qui voudraient offenser leurs supérieurs, Il ne s'est jamais vu qu'un homme respectueux de ses supérieurs devienne un fauteur de troubles.*

La piété filiale, comme l'obéissance, est le socle de toutes les vertus. Elle est la vertu fondamentale parce qu'elle doit inspirer le respect des statuts et de l'ordre établis.

Les rituels

C'est un point capital et plus original de l'enseignement des *Entretiens* : la vertu d'obéissance, sous ses diverses déclinaisons, ne saurait exister sans les rituels qui la soutiennent, l'expriment, la maintiennent. Les notions de vertu (c : *de*, j. : *toku*), et de rites (ch : *li*, j. : *rei* ou *rai*) forment un couple inséparable.

Les rites doivent d'abord être distingués des lois. Celles-ci sont des règles, nécessairement succinctes, appuyées sur la menace des sanctions.

Elles ne cherchent qu'à interdire certaines actions. Cependant, la violence ponctuelle des lois ne peut jamais amener chacun à connaître sa place et à se comporter en conformité avec cette place. Les lois ne font qu'encourager l'hypocrisie et la dissimulation. Or l'ordre social doit être intériorisé comme une seconde nature ; c'est le rôle des rites. Ce sont aussi des règles, mais de nature très différente. Ils ne prévoient pas de sanctions claires, mais couvrent tous les aspects de la vie. Plutôt que d'interdire ce qu'il ne faut pas faire, ils organisent ce qu'il faut faire. Au-delà des actions, ils visent le for intérieur des humains.

> *Le Maître dit : « Qu'on le mène avec des règles, qu'on le corrige avec des châtiments, le peuple les évite mais ne connaît pas la honte. Qu'on le mène avec les vertus et qu'on le corrige avec les rites, il connaît la honte et se soumet (dans son cœur). »*

C'est dire que les rites ne sont pas des cérémonies vides de signification. Ils codifient les attitudes convenables, dans les cérémonies sans doute, mais aussi et surtout dans les situations de la vie quotidienne, qui, ainsi réglées, deviennent des cérémonies. Quoique ce ne soit pas Confucius mais un rival de son successeur Mencius, qui a avec le plus d'éclat développé l'idée que les rites, comme actes et objets participant à ces actes, façonnent le cœur humain (Xunzi, 312-230 avant J.-C.), cette intuition paraît déjà dans les *Entretiens*. La répétition consciencieuse des gestes et des comportements rituels transforme l'humain en ce qu'il doit être. Le geste déteint sur le cœur et l'imprègne. La mise en scène de l'obéissance produit l'obéissance. Le produit de cette discipline du corps et des situations, ce sont les vertus. À ce point, rites et vertus se confondent. La vertu centrale d'humanité est une fois définie comme le retour au rituel.

Si la méthode des rites semble moins violente que celle des lois et des punitions qui les accompagnent, elle est aussi plus intrusive. Les rites ne modèlent pas seulement les comportements. Ils ont aussi pour objectif de façonner les mentalités et les habitudes de pensée. Ils visent une intériorisation qui reste hors de portée des lois. C'est pourquoi la sanction immédiate est interne : c'est le sentiment de honte, qu'il ne faut pas distinguer de celui de culpabilité et de remords.

L'importance qu'elle attache aux rituels conduit souvent à croire que, pour une conscience confucianiste, seules les actions publiques et visibles sont objets de jugement, et que, s' il y a une place pour la honte, il n'y en a pas pour le remords. La honte ressentie lors du dévoilement de sa faute par un coupable qui ne regrette que ce dévoilement appartiendrait au confucianisme, culture soucieuse des apparences s'il en est. À l'inverse, le remords ressenti au fond d'un cœur qui regrette amèrement l'acte lui-même serait l'apanage des cultures où les humains, nus et exposés au regard de Dieu, vivent un tête-à-tête avec leur conscience morale.

Or si ce qui vient d'être dit est juste, un tel raisonnement témoigne d'une mauvaise compréhension du rôle des rites. Non seulement l'opposition entre la honte et le remords est trop schématique, mais on se demande aussi comment le sentiment de honte pourrait apparaître si les valeurs n'étaient pas de quelque manière intériorisées. Même si l'accent mis sur le rituel donne inévitablement naissance à un souci des apparences, souvent hypocrite, les rites vont bien au-delà de ces apparences. Les plus grands théoriciens l'ont constamment martelé : c'est aux changements qu'ils suscitent, contrôlent et maintiennent dans les émotions et les états d'âme, que se mesure leur réussite. Quelques auteurs ont affirmé le contraire ; ils ont provoqué le scandale. La rectitude est intérieure ; elle peut donc ne pas être reconnue sur la place publique. Confucius dit et répète que l'important n'est pas là : faire ce qu'il faut faire, rien d'autre n'a de valeur.

C'est sans doute dans ce couple composé de rituels et de vertus que se découvre l'aspect le plus fascinant, voire le plus attachant du confucianisme. Si la morale est conservatrice, stricte, au besoin impitoyable, on le verra plus loin, les rituels (avec l'étude dont ils sont les premiers objets) sont toujours dans les *Entretiens* des occasions de fortes émotions, de solennité sans doute, de tristesse parfois, mais aussi de joie et d'appréciation esthétique.

La joie, sur laquelle s'ouvre le recueil, est en effet une composante importante des *Entretiens*. La danse, la musique et la chorégraphie délicate qui accompagnent de nombreux rites provoquent toujours chez Confucius une émotion profonde. L'exquise magie qui détermine la conjonction de l'élément esthétique et de la dimension morale adoucit son message et constitue le charme discret des *Entretiens*.

Le confucianisme après Confucius

Mencius et les groupes de vertus

Bien des ajouts ont été apportés au message simple révélé dans les *Entretiens*. Après la disparition de Confucius, deux auteurs se sont disputé son héritage et ont proposé des interprétations assez différentes de sa pensée. Celle de Xunzi (environ 312–230 avant J.-C.) est la plus sophistiquée. L'ouvrage qui porte son nom, le *Xunzi*, développe la dimension ritualiste des *Entretiens* et l'emporta momentanément. C'est pourtant celle qu'avait offert un peu auparavant Mencius (environ 372–289 avant J.-C.), dans un livre également intitulé du nom de son auteur, le *Mencius* (*Mengzi*), que la codification ultérieure de l'« orthodoxie » identifia comme l'interprétation correcte des idées de Confucius.

Mencius formalisa d'abord la distinction, seulement implicite dans les *Entretiens*, entre des vertus qui n'existent que vis-à-vis d'interlocuteurs particuliers, typiquement dans une relation hiérarchique entre deux agents, et des vertus générales qui ne supposent pas pour s'exercer d'interlocuteur de tel ou tel statut, mais semblent souvent être l'apanage des personnes supérieures.

Ces vertus générales furent plus tard appelées « vertus constantes » ; elles apparaissent dans le *Mencius* sous la forme d'un slogan destiné à devenir célèbre, « humanité, justice, ritualité, savoir » (*renyilizhi* 仁義禮智 ; j. : *jingireichi*) ; on leur ajouta parfois la sincérité *xin* (信 ; j. : *shin*) pour en faire les « cinq vertus constantes » (*wu chang* ; j. : *gojô*). Ces vertus constantes se réfèrent cependant aux vertus « relationnelles », qui n'existent que dans des rapports particuliers. La justice, aussi traduite par « correction », désigne en effet avant tout la juste et différenciée distribution des rôles et des choses dans les relations de base ; le savoir est le savoir de ces relations ; les rituels sont l'expression formelle de ces relations ; et l'humanité est à la fois le rassemblement des vertus et le soin que prend l'homme supérieur de ceux qui lui sont confiés.

Les vertus relationnelles représentaient selon Confucius le fondement des vertus constantes ; elles en étaient aussi la raison d'être et l'aboutissement. Le *Mencius* les cite dans une liste devenue elle aussi un slogan : la « filialité, le respect des aînés, la loyauté et la sincérité » *xiao, ti, zhong, xin* (孝悌忠信, j. : *kô tei chû shin*). Elles s'inscrivent exactement dans les cinq relations présentes dans les *Entretiens* : parents et enfants, maître et serviteur, mari et femme, cadet et aîné, et amis, enfin.

> *Les êtres humains ont la Voie* [nda : le chemin qu'il faut suivre] *naturellement inscrite en eux. Cependant, même s'ils se nourrissent à satiété et se couvrent de vêtements chauds, pour peu qu'ils restent oisifs et sans instruction, ils ne sont pas loin des bêtes. Les Sages Yao et Shun s'en inquiétèrent ; ils firent de Qi le ministre de l'instruction pour répandre les vertus afin qu'il y eut affection entre père et fils, justice entre prince et sujet, distinction entre mari et femme, préséance entre aînés et cadets, confiance entre amis.* (Mencius.)

Les relations de base sont donc toutes caractérisées par un lien particulier : l'amour entre parents et enfants, la justice entre maître et serviteur, la distinction des rôles entre mari et femme, la préséance entre aîné et cadet, et la confiance entre amis. Mais on voit encore une fois que les vertus relationnelles décrivent surtout les attitudes des personnes placées *au pôle inférieur de ces relations.*

Le *Mencius* développe et confirme ainsi la nature de la morale confucianiste en tant que morale taillée sur mesure pour une société faite de quelques relations de base et des rôles invariables qui leur sont attachés. Les « vertus » désignent avant tout les comportements requis de chacun devant des interlocuteurs déterminés. La bonne société est réalisée dès lors que chacun se comporte en fonction de la place qui lui est assignée. Voilà pourquoi « *il n'y a pas de crime plus grand que de ne reconnaître ni père, ni mère, ni parent, ni prince, ni sujet, ni supérieur, ni inférieur* ».

L'idée peut paraître triviale, ou circulaire au point d'être dépourvue de sens ; elle n'en exprime pas moins une conception commune dans les sociétés pré-modernes : les gens sont nés en leur position naturelle ; le désordre ne provient que de leurs tentatives capricieuses d'échapper à cette place. Après tout, notre prédicateur Bourdaloue (1632-1714), qu'on ne peut suspecter de sympathies confucianistes, exprimait le même idéal :

> *Je vous l'ai dit, chrétiens, cette volonté [de Dieu] est que chacun soit dans le monde parfaitement ce qu'il est, qu'un roi y soit parfaitement roi, qu'un père y fasse parfaitement l'office de père, un juge la fonction de juge ; qu'un évêque y exerce parfaitement le ministère d'un prélat, que tous marchent parfaitement dans la voie qui leur est marquée, qu'ils ne confondent point, et que les uns ne s'ingèrent point en ce qui est du ressort des autres : car si cela était, et que chacun voulût se réduire à ce qu'il doit être, on peut dire que le monde serait parfait.*

Notons pourtant que, dans la Chine ancienne, une tentative se fit jour pour diminuer, voire effacer, cette conception des vertus comme attitudes dirigées vers des autres particuliers avec lesquels le sujet moral est en relation spécifique. Ce fut la caractéristique d'un mouvement en son temps très influent, le mohisme, ou moïsme, de Mozi (environ 479-381 avant J.-C.) dont le credo était l'amour universel porté également à tous. Mencius a rejeté cette option et affirmé sa préférence pour des vertus ancrées dans des relations particulières, dues à des gens avec lesquels des relations préexistaient ; il privilégiait les proches.

De nombreux commentateurs ont donc souligné le contraste qui sépare les morales de type universaliste, comme le mohisme ou le christianisme, qui considèrent comme frères tous les hommes et leur portent à tous un égal amour, et le confucianisme qui privilégie les proches et la structure familiale. Pour cette dernière doctrine, les obligations s'appliquent à des individus avec lesquels existe une relation particulière, familiale ou politique ; elles laissent en conséquence dans un vide moral tous ceux qui ne sont pas liés par une relation familiale ou sociale. Certains intellectuels japonais, typiquement des auteurs chrétiens comme le romancier Endô Shûsaku, ont même pensé que c'est l'absence d'une obligation envers les inconnus qui a pu expliquer les exactions de l'armée impériale pendant la guerre du Pacifique !

On peut se demander comment Endo Shûsaku analysait les camps nazis. Il faut évidemment se garder de ce genre de justifications faciles : il existe souvent un écart important entre les discours et les pratiques. Peut-on affirmer que la priorité accordée aux rapports spécifiques avec des proches ait rendu les Chinois et les Japonais insensibles à leurs devoirs envers les inconnus ? D'autres discours, comme le bouddhisme, leur auraient de toute manière rappelé ce genre d'obligation. Inversement, rien ne montre que les habitants de pays où la religion dominante est de type universaliste hésitent à s'attaquer aux tiers, respectent les préceptes de leur religion, tendent l'autre joue par exemple, ou refusent la richesse parce qu'elle leur interdit l'accès au paradis. Laissons de côté cette question.

La justification dans le *Mencius*

On voit dans le *Mencius* ce que les *Entretiens* ne présentent pas : une argumentation pour justifier les propositions morales. Le mode de composition adopté – pas d'aphorismes rapportés par des disciples mais une écriture directe – la rend possible ; les circonstances – l'enseignement de Confucius est pris à partie par des écoles rivales – la rendaient nécessaire. Son futur adversaire Xunzi lui aussi s'engagera dans cette voie. Il affirmera la dimension sociale de l'enseignement moral et soulignera que les vertus ont été établies pour garantir l'ordre social. L'idée était implicite dans plusieurs passages des *Entretiens* cités plus haut, mais ils ne la présentaient pas, comme le fera Xunzi, en tant que justification première des vertus. Chez Mencius cependant la justification des normes morales est une explication « naturaliste ». Par là, il faut entendre une explication qui ancre les vertus dans une « nature », en l'occurrence la nature humaine. En d'autres termes, pour Mencius, les normes morales organisent légitimement la communauté humaine parce qu'elles existent de manière spontanée dans la nature innée des humains.

La bonne nature humaine

La nature fournit bien justifications. Nous en rencontrerons quelques-unes bientôt. Mencius, pour sa part, considère que la nature des humains, à leur naissance, fait émerger les normes morales. Il ne se réfère pas à une divinité toute-puissante, ou à un cosmos ordonné : les humains, parce qu'ils sont humains, sont tous dotés à leur naissance de pulsions (« origines » ou « germes », dit-il) qui, pour peu que rien n'entrave leur développement, vont spontanément se muer en ces vertus dont l'ordre politique a besoin. L'ordre social – les trois ou les cinq relations relevées plus haut – prolonge donc spontanément la nature humaine.

> *Lorsque je dis que tous les êtres humains ont le sentiment de compassion, [je veux dire que] si maintenant des gens aperçoivent un jeune enfant sur le point de tomber dans un puits, tous auront un sentiment de crainte et de pitié. S'il en est ainsi, ce n'est pas pour se concilier les faveurs des parents de l'enfant, ce n'est pas pour acquérir l'estime des villageois et de leurs proches, et ce n'est pas qu'ils craignent une réputation [de méchants]. De cela on peut comprendre que celui qui n'aurait pas le sentiment de pitié ne serait pas un être humain, pas plus que celui qui n'aurait pas le sentiment de la honte [de ses fautes] et de l'horreur [de celles des autres], le sentiment de la retenue*

[pour soi] et du don, ou le sentiment du juste et du faux ne serait un être humain. Le sentiment de pitié est l'origine de l'humanité ; celui de la honte et de l'horreur est celle de la correction ; celui de la retenue et du don celle des rituels, celui du juste et du faux celle de la sagesse. Les êtres humains ont ces quatre origines comme ils ont leurs quatre membres. Celui qui, possédant ces origines, dirait ne pas pouvoir les développer nuirait à sa personne même. (Mencius.)

Les humains reçoivent dès leur naissance les « origines » de la morale ou de la voie. Ceux qui s'en écartent peuvent de ce fait être considérés comme littéralement non-humains. Telle est la conséquence logique d'une définition « stipulative » de l'humanité (« un humain est un être qui se conduit de telle ou telle façon » : la définition énonce ce qui doit se produire). Ce n'est pas leur apparence, ce n'est pas le fait qu'ils soient nés d'autres humains, ce n'est pas leur composition physique, qui fait que les humains sont vraiment humains : c'est le fait qu'ils se conduisent en fonction de leur nature, présumée bonne.

Mencius (peut-être y a-t-il ici un peu de rhétorique) affirme que certains êtres d'apparence humaine, parce qu'ils ont deux jambes et deux bras, sont en fait des animaux. Si l'on l'applique aux rois, c'est-à-dire à ceux qui se comportent comme des rois doivent se comporter, cette démarche stipulative conduit à considérer que certains régicides apparents en fait n'en sont pas, puisque le roi assassiné ne se comportait comme un roi doit le faire.

Il reste à expliquer en quoi celui qui ne se comporte pas comme un humain le devrait agit mal : il n'a pas la nature d'un humain, soit, – mais il faut bien admettre que les animaux ne se comportent pas « mal ». Cette difficulté, bien sûr, ne se trouve pas nécessairement à l'origine des nouveaux développements que nous allons parcourir. Il n'empêche : certains, plus tard, peu satisfaits que la morale fût simplement innée dans le cœur des humains, ont voulu lui donner une base plus solide.

La métaphysique néo-confucianiste

Le moment est venu de parler des néo-confucianistes (comme Cheng Yi ou Zhu Xi) de la dynastie Song (960-1279). Ces auteurs ont construit une métaphysique, c'est-à-dire une description du monde qui lui donne *sens*, et pour laquelle les rites et les vertus sont inscrits dans l'ordre naturel du monde, et non simplement dans la nature des gens.

Ni les *Entretiens* ni le *Mencius* ne contiennent de métaphysique explicite. La notion de ciel y apparaît, certes, dans un sens métaphysique, puisque le ciel (*ten*) dont Confucius et Mencius parlent n'est pas seulement le ciel bleu au-dessus de nos têtes : il semble doté de savoir ; il semble imprégné d'une dimension morale. Est-ce la réminiscence d'une ancienne divinité chinoise, apparemment anthropomorphique, le Seigneur d'en-haut, *shangdi* ? Peut-être. Chez Mencius ce souvenir est particulièrement clair. Mais ni les aphorismes des *Entretiens* ni les développements verbeux du *Mencius* ne constituent un discours cohérent et exhaustif sur le ciel.

Avec quels arguments métaphysiques les confucianistes des Song comblent-ils cette « lacune » ? En un mot, ils postulent que l'univers est ce qu'il est parce qu'une « raison des choses », le *li*, travaille sans cesse une « matière », le *qi*. Les néo-confucianistes n'ont pas inventé le terme de « raison des choses », *li*, pas plus que celui de « matière », *qi*. Ces mots sont déjà présents dans les anciens classiques, notamment dans le *Livre des Mutations*, le fameux *Yi Jing*, un manuel de divinations abondamment utilisé dans les spéculations métaphysiques des néo-confucianistes. Selon une étymologie classique, le caractère *li* désigne le dessin formé par les veines du jade ; son extension métaphorique désigne le « dessin », le « plan » ou l'« ordre ».

On peut donc comprendre ce *li* comme une sorte de *programme* désincarné, un *logiciel* qui dirigerait tous les développements de l'univers. Le concept a été traduit de bien des manières (« principe », « ordre », « loi »), mais il sera ici entendu comme la « raison des choses », parce qu'il explique ce qui se passe et surtout parce qu'il fait que l'univers est *rationnel*, organisé, intelligible. Cette « raison », bien entendu, n'est pas notre faculté de raisonnement ; elle est plutôt ce sur quoi cette faculté peut s'exercer : l'ordre rationnel des choses dans l'univers.

Parce que les penseurs néo-confucianistes appelaient cet univers *tian* (j. : *ten*), littéralement le ciel, et métaphoriquement l'équivalent de nos *cosmos* ou *nature*, le *li* est souvent aussi appelé *tianli* (j. : *tenri*) : la « raison » ou l'« ordre du ciel » (il existe d'autres concepts : *daiji* (j. : *taikyoku*), le « faîte suprême », voire *michi* ou *dô* (« voie ») –, mais ces mots n'expriment que des nuances qu'il n'est pas nécessaire d'élucider ici).

La « raison des choses » existe nécessairement en tandem avec le concept de *qi* (j. : *ki*), qui désigne le substrat matériel organisé par la raison des choses, ce à quoi elle « s'accroche » pour faire apparaître le monde sensible. La conception de cette notion varie selon les auteurs et selon leurs interprètes. De fait, le caractère *qi* a été, lui aussi, traduit de bien des façons - « énergie », « éther » ou « force matérielle ». Parce que la physique moderne a considérablement enrichi les connotations de l'idée de « matière », qui n'est plus nécessairement uniforme, homogène, passive et inerte, le terme de « matière » (*qi*), lié à l'expression « raison des choses » (*li*), paraît bien rendre compte du contraste imaginé par les néo-confucianistes.

La « raison des choses » a deux visages indissociables. D'un côté, elle représente le programme général qui organise la matière du *qi* et forme ainsi l'univers imprégné de sens, qui inclut le monde humain. Ce programme, cependant, n'opère pas comme un général qui donnerait des ordres de l'extérieur. Il agit plutôt de l'intérieur des choses et des êtres, les menant chacun à leur place pour former cet ordre. « Raison » peut donc aussi désigner les raisons *particulières* de toutes les choses, de tous les événements singuliers, de tous les êtres pris individuellement, qui sont la seule manifestation de ce qui est. Parce que toute chose particulière résultant du programme général diffère des autres : elle a sa *propre raison*, nécessairement intégrée à la raison générale, qui la fait être ce qu'elle est, et la conduit à jouer un rôle particulier dans le programme.

Cette double vocation – établir l'ordre du monde et gouverner de l'intérieur chaque chose, chaque être et chaque événement pour qu'ils prennent place dans cet ordre – permet d'attribuer une vocation naturelle et donc un sens à tous les éléments du monde. (Que cette métaphysique soit valide ou non, solide ou non, est une autre question.)

Soulignons qu'il n'y a pas de solution de continuité entre les événements physiques intervenant dans la nature et les actions et les rapports humains. Les relations entre les personnes – mari et femme, maître et serviteur – sont naturellement organisées par la raison des choses au même titre que le parcours des astres et la rotation des saisons. La nature du genre humain et celle de chaque individu, leur vocation, le sens de leur vie sont donc gouvernés par le programme de la raison des choses, *li*, qui régente l'univers entier. C'est ce programme qui a implanté dans notre nature les germes des vertus et qui prévoit que, les germes se développant, une communauté humaine apparaisse, entièrement fondée sur ces dispositions naturelles.

Bien sûr des différences reconnues séparent le parcours des astres ou la rotation des saisons des relations humaines. Les premiers sont mécaniques et automatiques, les secondes résultent de décisions. Mais le cœur qui prend ces décisions est disposé à les prendre, comme les astres et les saisons sont disposés à suivre leur trajet.

En fait, les lois fondamentales de l'univers sont décrites comme les normes qui s'imposent dans le monde humain : ce sont les vertus constantes citées plus haut. Reconnaissons que peu de systèmes ont poussé l'anthropomorphisme aussi loin !

Une difficulté subsiste à l'évidence : quelques êtres humains ne manifestent pas les vertus qu'on attendrait de leur part. C'est, disent les néo-confucianistes, que la raison (*li*) peut se heurter à une matière (*qi*) particulièrement opaque qui l'empêche d'accomplir son travail, d'arranger les choses et les actions. Une telle approche permet d'expliquer le vice et aussi de le condamner, puisque les humains vicieux trahissent le programme général de l'univers ; ils sont des aberrations, des monstres sans postérité ou descendance possible. Cette explication, bien plus sophistiquée que celle contenue dans le *Mencius*, n'est pas non plus exempte de toute contradiction, nous le constaterons bientôt.

Les discussions sur les dieux et esprits

Cette évocation de la métaphysique élaborée par les auteurs néo-confucianistes conduit à évoquer le possible contenu religieux du confucianisme, puisque les religions ont aussi pour fonction de donner un sens aux éléments et aux phénomènes dans l'univers. Les choses les plus diverses ont été affirmées sur ce point.

Le confucianisme est souvent présenté comme l'une des grandes religions d'Asie, aux côtés du bouddhisme, alors que Confucius est tout aussi souvent décrit comme quasiment agnostique. Les *Entretiens* ne recommandent-ils pas de faire les sacrifices « *comme si les dieux étaient là* », de les respecter mais de s'en tenir soigneusement à l'écart, de ne parler ni des dieux ni de la vie après la mort, et de se concentrer sur la vie présente ? Sur ce sujet comme sur beaucoup d'autres, il est facile de faire dire beaucoup de choses à Confucius.

Il est sûr que nombre des cérémonies et rituels de la dynastie Zhou auxquels Confucius tenait tant supposaient l'existence de divinités diverses.

Cependant, s'il y a dans sa pensée une dimension religieuse, celle-ci apparaît plutôt dans la notion de « ciel », qui figure, avec des sens probablement assez différents, aussi bien dans les *Entretiens* que dans la métaphysique néo-confucianiste. Certes, pour la plupart des auteurs, la notion de ciel n'est pas anthropomorphe. Cependant, si l'on considère la religion comme une doctrine qui fait dériver les normes, les valeurs ou le sens de la vie, d'un monde indépendant des caprices humains et transcendant l'expérience sensible, on peut légitimement attribuer une dimension religieuse à certaines théories confucianistes, notamment aux théories des auteurs de la dynastie Song. La religiosité n'est donc pas *dans* le confucianisme, mais dans les différentes interprétations auxquelles il a été soumis, comme on va le voir. Elle est, ou n'est pas, dans les auteurs, dans leurs théories : certains confucianistes semblent avoir approché le ciel comme une instance spirituelle, alors que d'autres s'en sont tenus éloignés.

Les débats

La postérité du confucianisme considéré comme une philosophie morale et politique ne se résume pas à la métaphysique néo-confucianiste. Trop d'ambiguïtés, trop de questions non abordées ou insuffisamment étudiées subsistent dans la philosophie morale et politique qui transparaît dans les *Entretiens*, dans le *Mencius* et dans les interprétations des néo-confucianistes, pour que les penseurs qui apparurent dans les siècles suivant la mort de Confucius n'explorent pas ces questions. Leurs nombreux désaccords suscitèrent de longs débats. Il n'est évidemment pas possible ici de faire l'inventaire exhaustif des discussions qui émaillèrent l'histoire du confucianisme comme philosophie morale et politique ; quelques indications peuvent cependant être données sur celles qu'a engendrées le débat fondamental sur la nature humaine, de toutes les moins ésotériques. Ce bref survol devrait aussi introduire l'idée que le confucianisme n'est pas un message monolithique, limpide, englobant tout. Comme tout discours, il est susceptible d'autant d'interprétations qu'il existe d'auditeurs ou de lecteurs.

Débat sur la bonne nature humaine

Le débat sur la nature humaine a donné naissance à de nombreuses discussions. Les questions qu'il pose et surtout les réponses qu'il appelle ont déterminé d'autres théories.

Y a-t-il vraiment chez les êtres humains une propension naturelle à se conduire comme le prescrit la morale de Confucius ? La nature humaine est-elle vraiment bonne ? Porte-t-elle spontanément les humains vers les attitudes que la morale prescrit ? Est-elle mauvaise, les inclinant plutôt vers les comportements que cette morale réprouve ? Est-elle neutre, laissant à l'éducation le soin de diriger les humains vers le bien ou le mal ? Si elle est bonne, ou mauvaise, quelle est vraiment la force de cette tendance innée, et quel rôle attribuer à l'éducation en fonction de cette force ? Sous quelle forme peut-elle être dispensée ?

Confucius ne s'est pas clairement exprimé sur la possible existence chez tous les humains de dispositions innées vers le bien. Quelques passages des *Entretiens* suggèrent différentes positions sur le sujet. Notons pourtant que, si de nombreux ouvrages rédigés plus tard par des auteurs qui prétendent s'inspirer de sa pensée sont tristes, austères et méfiants vis-à-vis des désirs humains, les *Entretiens* évoquent souvent la joie de Confucius dans l'étude et la performance du bien, comme si elles comblaient des aspirations naturelles.

On en conviendra pourtant, il n'est pas évident que les humains soient spontanément portés vers les vertus. Le nom du plus brillant des successeurs de Confucius dans les premiers siècles qui suivirent sa disparition,

Xunzi, est encore aujourd'hui associé à une théorie de la mauvaise nature humaine :

> *Les hommes ont de naissance ce qu'on appelle des désirs. Quoiqu'ils en aient l'envie, ils ne peuvent obtenir ce qu'ils convoitent. Alors, ils font tout à la poursuite de leurs désirs. Dans cette poursuite, s'il n'y a ni limites ni règles, les disputes éclatent. Le désordre s'installe. À son paroxysme, rien ne se fait plus. Les anciens rois détestaient le désordre. C'est pourquoi ils ont décidé des rites et des devoirs, ont installé les distinctions et, ainsi, ont nourri les désirs des hommes. Ils ont fait en sorte que les désirs des hommes ne s'épuisent pas dans les choses, et que les choses ne soient jamais épuisées par les désirs ; ils ont fait que les choses et les désirs se soutiennent mutuellement et croissent. Voilà l'origine des rites.*

Pour Xunzi, il appartient aux rituels de forcer la nature humaine à se tourner vers le bien et l'ordre. On l'a vu plus haut, les rituels diffèrent de ces autres contraintes que sont les lois : ils accompagnent et modèlent les gestes de la vie quotidienne et sont censés devenir une seconde nature. Il n'empêche : cette seconde nature s'oppose à la première et ne saurait advenir sans une éducation tatillonne et sourcilleuse qui traque les moindres écarts.

À l'opposé de ces thèses, Mencius, qui se trouve à l'origine du confucianisme orthodoxe appelé à s'imposer plus tard, affirme, on l'a vu aussi, que la nature humaine est bonne. Ce sont les mauvaises influences qui la détournent du droit chemin qu'elle aurait normalement suivi.

Certes, la querelle est quelque peu faussée par les définitions divergentes que ces deux auteurs ont adoptées de la « nature humaine ». Xunzi inclut dans la nature humaine les désirs comme les appétits sensuels, la rapacité, l'avarice, etc. Mencius, lui, exclut les désirs parce qu'il pense que ces désirs ne sont pas innés chez les hommes mais qu'ils leur viennent plus tard, au contact des tentations. Ces compréhensions différentes ne peuvent cependant combler le fossé qui sépare Xunzi et Mencius : le premier affirme que les humains s'éloignent de la voie et s'égarent lorsqu'ils sont privés de l'omniprésence des rites ; Mencius, lui, parle bien moins des rites que Xunzi. Par la suite, le confucianisme orthodoxe est resté fidèle au dogme de la bonne nature humaine ; le fait est assez curieux quand on considère l'extraordinaire méfiance qu'il a montrée vis-à-vis des désirs.

Ce débat en tout cas a eu le mérite de poser la question de l'éducation morale et de ses moyens. Si l'on accepte l'idée que la nature humaine est sinon mauvaise, du moins extrêmement susceptible de succomber aux tentations, une surveillance de tous les instants devient nécessaire ; les rites sont là pour modeler sans cesse un matériau fragile. Mais si l'on pense que les germes de la voie se trouvent dans le cœur des hommes et des femmes dès leur naissance, un effort d'introspection devrait permettre aux humains de retrouver la voie.

Ce débat originel est lié à d'autres disputes importantes.

Les difficultés de la réponse néo-confucianiste

Le discours néo-confucianiste, quand il offre un soubassement plus large à la morale confucianiste, a la capacité de justifier une vision optimiste de la nature humaine mais, ce faisant, il pose autant de questions qu'il prétend en régler. Considérons le problème délicat des rapports entre la « raison des choses », *li*, et la « matière », *qi*. La métaphysique examinée plus haut, semble révéler un dualisme insurmontable entre ces deux notions : elles sont radicalement indépendantes, au moins conceptuellement, même si, dans la pratique, l'une ne peut exister sans l'autre.

De nombreux penseurs se sont méfié de ce dualisme, peut-être parce qu'ils trouvaient plus aisé de concevoir qu'à l'Origine de tout se trouve Un et non Deux. La pluralité, même minimale, d'un schéma dualiste leur semblait sans doute davantage nécessiter une justification et une explication que la simplicité originaire. Quoiqu'il en soit, ils ne se sont pas satisfaits des protestations des auteurs néo-confucianistes qui affirmaient que les deux notions ne pouvaient être séparées qu'en théorie. Des chercheurs, occidentaux ou orientaux, chinois et japonais, ont prétendu que le dualisme est une notion étrangère à l'intuition philosophique fondamentale de l'Orient, qui est « moniste ». Cependant les théories qui, à un moment ou à un autre, ont été considérées comme pas assez chinoises – pensons au mohisme ou au légisme – ont eu trop d'échos en Chine même pour qu'on ne se méfie pas de ce réductionnisme.

Le degré du dualisme dans la pensée des néo-confucianistes ne sera pas traité dans le présent ouvrage ; on mentionnera seulement que ce débat a nourri une très abondante littérature. Beaucoup d'auteurs ont voulu reformuler l'axe entre « raison des choses » *li* et « matière » *qi* et affirmé que le *qi* porte en lui-même le *li*.

Cependant quelle que soit l'interprétation choisie des rapports entre « raison des choses » et « matière », aucune ne peut régler le problème qui s'annonce rapidement. Comme le plus fameux représentant, « dualiste », des auteurs néo-confucianistes le déclarait la raison des choses du *li* doit bien avoir une priorité ontologique. Puisque tout ce qui arrive se produit du fait de la raison des choses, ou de leurs raisons, tout ce qui arrive est aussi ce qui doit arriver. L'explication donnée aux conduites mauvaises est donc bancale ; comment la raison des choses, toute-puissante, ne pourrait-elle pas régler la densité du *qi* et exclure les « impuretés » ? Le même auteur écrit que ces dernières proviennent de la configuration des astres à la naissance, comme si cette configuration pouvait échapper à la raison des choses. Pour cette pensée, comme pour toute pensée moniste qui pose à l'origine de tout un principe à la fois tout-puissant et totalement bon, le mal devient inexplicable. Le problème est parfaitement connu de la théologie chrétienne. Les plus cohérents des néo-confucianistes durent finalement conclure, comme le firent en Occident Leibniz et Pope, que « tout ce qui est est bien » et que le mal, en fait, n'existe pas.

Débat sur l'intuition et la connaissance

Une autre dispute s'est engagée. Elle découle du débat mené sur la bonne nature humaine. Elle a mobilisé des auteurs convaincus de cette nature, et a opposé intellectualistes et intuitionnistes. Les auteurs néo-confucianistes ont paru manifester une approche intellectualiste dans la mesure où l'introspection, la réflexion, semblaient ouvrir les portes de la voie. De là leur intérêt pour la méditation assise : c'est un autre exemple de l'influence du bouddhisme sur le néo-confucianisme. Wang Yangming, penseur plus tardif, fit émerger une autre approche, souvent qualifiée d'intuitionniste parce qu'elle fait passer les mouvements spontanés de la bonne conscience devant le raisonnement et qu'elle unit étroitement l'action et la perception.

Même si le néo-confucianisme est resté à bien des égards une doctrine orthodoxe, les plus éminents des penseurs postérieurs à la dynastie Song ont pris des positions non orthodoxes, intuitionnistes ou monistes,...

Débat sur les désirs

La discussion sur le rôle des désirs est également liée à la question de la nature humaine. Les auteurs néo-confucianistes soulignent fréquemment la nécessité de pourchasser les désirs. Curieusement pour une école qui accepte le dogme de la bonne nature humaine – souvenons-nous que Mencius a exclu les désirs de sa définition de la nature humaine – les néo-confucianistes déclarent qu'il faut réduire les désirs pour espérer accéder à la voie ; ils vont jusqu'à affirmer qu'il faut les exclure totalement. Des questions de définition peuvent encore une fois, il est vrai, fausser le discours. Le constat que certains désirs, à commencer par l'instinct de survie, la faim et la soif, sont, à l'évidence, indispensables à la vie humaine a incité quelques auteurs à les placer dans une catégorie à part. Il n'empêche : la tonalité générale reste la traque des désirs.

S'ajoutant aux impératifs d'un respect rigoureux des règles rituelles, si contraires aux pulsions naturelles, la discipline ascétique encouragée par le climat ambiant, devient impitoyable. Le fameux manuel d'étiquettes familial, *Rites domestiques* le montre sans ambiguïté. Un fils, par exemple s'entend dire que « *lorsque ses parents deviennent si fâchés à son égard qu'ils le fouettent jusqu'au sang, il ne doit en nourrir aucune rancune, mais se montrer plus encore filial et docile.* » Les belles-filles évidemment ne sont pas mieux traitées :

> *Même si un fils aime sa femme, si ses parents ne l'apprécient pas, il doit divorcer. D'un autre côté si le fils n'aime pas sa femme, mais que ses parents l'apprécient, il doit remplir son rôle de mari tout au long de sa vie.*

Il y a pire :

> *Lorsque le fils ou la belle-fille ne se montrent pas respectueux et dociles, les parents ne doivent pas les prendre en grippe immédiatement, mais d'abord les éduquer. S'ils demeurent obstinés, les parents doivent hausser le ton. S'il n'y a toujours pas d'amélioration, ils peuvent les battre.*

Cela pose de nombreux problèmes, pratiques pour les intéressés, bien sûr, mais aussi de nature théorique. Il faut en effet trouver un autre moteur pour expliquer l'action humaine. Il est aisé de comprendre en quoi un désir peut porter un agent à l'action, mais que ferait un humain dépourvu de tout désir ? Quelle influence pourrait-on avoir sur une telle personne pour l'amener à faire ceci ou cela ? Les représentants d'une école opposée aux confucianistes dans la Chine ancienne, les légistes, avaient remarqué qu'une société composée de personnes sans désirs serait strictement ingouvernable.

Il fallait donc poser que la connaissance des règles, de ce qui est bien et de ce qui est mal, suffit à porter les humains à l'action. On s'en doute, cette affirmation a été controversée. Plus important : l'impératif d'une purge des désirs va tellement contre les pulsions de la plupart des humains que beaucoup en sont venus à rejeter ce puritanisme ou cette austérité quasi inhumaine imposée au nom du fantomatique *li*.

L'une des plus grandes figures des études confucianistes au XVIIIe siècle en Chine, Dai Zhen, est l'auteur de ces lignes qui doivent être appréciées en gardant à l'esprit les recommandations des *Rites domestiques* cités plus haut:

> *Les grands oppriment les petits avec cette « raison des choses » ; les plus âgés oppriment les jeunes avec elle ; les riches oppriment les humbles avec elle. Même si [ce qu'ils disent] est erroné, ils prétendent que c'est la « raison des choses ». Lorsque les petits, les jeunes et les humbles leur résistent avec la raison, même si ce qu'ils disent est juste, ils disent que c'est une rébellion. Ainsi ceux d'en bas ne peuvent communiquer à ceux qui sont en haut les désirs du monde. Ceux d'en haut oppriment ceux d'en bas avec la « raison des choses », et les crimes imputés à ceux d'en bas sont innombrables. Lorsque des gens meurent du fait des lois, il en est pour les prendre en pitié. Mais qui prend en pitié ceux qui meurent du fait de la « raison des choses » ?*

Débat sur la notion de li *(« gain »)*

Le débat sur la nature humaine et ses désirs en vint naturellement à aborder la notion de gain ou de bénéfice (*li*, j. : *ri* ; par un hasard malencontreux, presque homonyme du caractère *li* signifiant « raison des choses » - seul le ton diffère) – puisque le « gain », finalement, est ce que, sous une forme ou sous une autre, tous les désirs convoitent. Confucius oppose déjà le gain à la justice comme si les deux notions sont irréconciliables. Mencius rejette lui aussi l'idée que le gain puisse jamais guider l'action humaine ; toute action guidée par l'appât du gain est une action immorale.

Cependant certains penseurs ont procédé à une réévaluation de la notion de gain. Le gain, après tout, c'est la vie matérielle, l'économie, l'agriculture, la défense militaire. Toutes ces activités indispensables à la vie humaine sont orientées vers la recherche d'un avantage matériel. Ces penseurs ont formé un courant que l'on peut appeler utilitariste, et qu'il faut garder à l'esprit, ainsi que les débats mentionnés plus haut, pour résister à la tentation d'une image trop monolithique du confucianisme.

Le confucianisme et l'organisation sociale

Parmi les multiples sens du terme « confucianisme », nous n'avons jusqu'ici considéré que celui qui désigne le message moral et politique, ainsi que certaines des justifications philosophiques qui en ont été faites. Nous n'avons parlé ni de l'institution familiale, ni du système des rites, ni de la bureaucratie mandarinale. Tous ces aspects de l'hydre qu'est décidemment le confucianisme ont leur importance et se rattachent de diverses manières à l'auteur des *Entretiens*. Allant du général au particulier, commençons par étudier le cadre politique et administratif général de la société chinoise.

Le système bureaucratique et ses prolongements locaux

Organisés à des niveaux successifs – sous-préfectures, préfectures, provinces puis capitale – les examens publics d'accès à la bureaucratie ont accompagné, avec bien des remaniements, l'histoire de la Chine impériale depuis au moins la dynastie des Sui (581-618 après J.-C.) jusqu'au début du XXe siècle. Si, parfois, les connaissances furent testées sur des sujets techniques, à partir de la dynastie Song, la connaissance des ouvrages classiques choisis et commentés par les auteurs néo-confucianistes est devenue la compétence la plus importante. Académies, collèges ou précepteurs préparaient aux épreuves à travers un bachotage intensif de ces livres. Les candidats aux examens furent donc imprégnés de la pensée confucianiste, ou néo-confucianiste, pendant plus d'un millénaire (en ignorant les interruptions dues aux guerres !). Les lauréats ont peuplé l'appareil bureaucratique qui, sous le commandement, parfois nominal, parfois réel, de l'empereur administrait l'Empire du Milieu.

Cet appareil bureaucratique, cependant, ne pouvait atteindre tous les recoins d'un pays aussi immense. Les quelques estimations dont nous disposons suggèrent qu'au début du XVIIe siècle, la bureaucratie – du niveau national des ministères jusqu'à celui des districts – comptait seulement 15 000 fonctionnaires. Au niveau inférieur des districts, le magistrat ne disposait guère, outre deux ou trois assistants, que d'employés locaux. Son autorité publique et politique devait être prolongée par des organisations locales : il mettait alors à contribution le système privé des organisations familiales, claniques, et des lignages, également identifiés comme pièces importantes du phénomène confucianiste.

L'organisation familiale traditionnelle

L'organisation familiale de la Chine d'autrefois n'est pas unique. Comme dans beaucoup d'autres cultures, la succession est patrilinéaire – suivant les mâles –, l'organisation est patriarcale, le lieu de résidence est « patrilocal » ou « virilocal » (les femmes rejoignent la famille de leur mari). Idéalement, les fils restent auprès de leurs parents même après leur mariage, et en théorie, plusieurs fils, leurs femmes, leurs enfants mâles mariés et les filles non mariées, voire les enfants mâles mariés et les filles non mariées de ces enfants, cohabitent. Bref, cette famille est, selon la classification de Le Play, « communautaire ».

Certes, les variations régionales, l'évolution au cours du temps, les pressions économiques les circonstances de la vie réelle, ont constamment mis à mal le modèle. Des fils cadets ont rejoint la famille de leur femme ; des enfants ont été adoptés, des veuves ont dirigé la famille,... Par ailleurs, chaque famille disposait d'un budget commun ; la coexistence dans une même famille de plusieurs fils avec leur famille de taille différente ne pouvait en conséquence que provoquer des dissensions Dans la pratique, les familles se séparaient. Les fils cadets, à un moment ou à un autre, s'en allaient fonder une branche. Il n'existait normalement pas de notion d'héritage puisque les enfants mâles étaient censés rester dans la famille ; c'est la division de la famille qui fournissait l'opportunité, souvent grâce à une médiation, de partager le patrimoine, normalement de manière égale entre héritiers mâles.

Plus caractéristique est l'importance des ancêtres qui, mieux encore que les vivants, déterminent l'identité des familles. Leur choix comme objets de culte montre bien comment la famille se représente et se perpétue. Vus par leurs descendants, ces ancêtres forment une lignée patrilinéaire fondée sur la succession des ancêtres mâles directs. De ce point de vue, un individu a pour seuls « ancêtres » son père, le père de son père, le père du père de son père, etc.

Les femmes trouvent une certaine place dans les représentations des ancêtres puisqu'à leur mariage, sans abandonner leur nom, elles quittent leur propre lignée pour intégrer celle de leur mari, avec pour résultat notable qu'à l'intérieur d'une famille tous les membres font partie d'une même lignée. Mais les parents de ces femmes ne sont pas représentés dans les lignées patrilinéaires, et les femmes elles-mêmes n'apparaissent que comme conjoints des ancêtres.

Autre conséquence de cette conception de l'ascendance, les frères des ancêtres n'y apparaissent pas. Puisqu'une personne a, pour chaque génération qui l'a précédée, un, et un seul, ancêtre mâle, les frères de ces ancêtres forment des lignées collatérales liées à un point particulier par un père commun.

Toutes les lignées parallèles soudées par un ancêtre commun forment un clan (on a retenu ce terme, même si techniquement il devrait être réservé aux organisations dont l'ancêtre est mythique ; ce peut aussi être un « lignage »). Ces clans représentent parfois des forces considérables ; ils possèdent des propriétés et favorisent les entreprises économiques de leurs membres. Cette solidarité explique la constitution de villages dominés par un clan ; elle traduit aussi la présence de ces organisations dans des luttes politiques et économiques. Ces clans, surtout, peuvent constituer un complément indispensable à l'action de l'appareil d'État.

Cultes des ancêtres et autres rituels

De nombreux rituels sont associés à cette organisation de la parenté et scandent la vie des familles. Ils sont, eux aussi, communément dits « confucianistes » parce qu'ils ont été codifiés en manuels par des auteurs se réclamant de Confucius. Il en existe de très nombreuses versions, mais la plus fameuse est celle des *Rites domestiques* de Zhu Xi.

Les clans, tout d'abord, ont pour tâche essentielle d'organiser régulièrement les cérémonies du culte des ancêtres, au cours desquelles des offrandes et des invocations sont faites devant des tablettes portant les noms des personnages honorés.

Elles se tiennent dans le recoin d'une pièce, dans une salle consacrée ou, pour les familles de haut rang, dans une chapelle. Les tombes de ces ancêtres, situées en un autre lieu, peuvent accueillir d'autres cérémonies. Les tablettes sont individuelles jusqu'à la quatrième génération ; au-delà, les ancêtres se fondent dans la masse anonyme des ancêtres collectifs.

Initialement cependant, seuls les personnages de haut statut et de haut rang peuvent faire des sacrifices à quatre générations d'ancêtre ; s'ils en font, les gens de basse condition ne les dédient qu'à leur père. Ce n'est qu'au XIe siècle qu'apparurent les premières demandes d'extension des rites familiaux complets à l'ensemble de la population.

Outre les rituels pour les ancêtres, il existait aussi, pareillement codifiées jusque dans les plus grands détails des gestes, paroles, vêtements et objets utilisés, des cérémonies organisées à l'occasion des naissances, de l'accès à l'âge adulte, des mariages et des morts. Les plus importantes, bien évidemment, étaient les cérémonies funéraires, parce qu'elles donnaient l'occasion de représenter les relations familiales, leurs divers degrés de proximité, ainsi que les relations de pouvoir et de succession à l'intérieur d'une famille de manière extrêmement précise, les mettant en quelque sorte « en scène ». La durée du deuil par exemple était modulée en fonction du degré de proximité vis-à-vis du défunt assigné par la structure familiale implicite à chaque participant.

Il va sans dire que cette proximité rituelle n'avait pas forcément grand-chose à voir avec l'attachement affectif ressenti. Un neveu pouvait avoir été très proche de son oncle, mais les cérémonies funéraires lui dictaient une durée de deuil très faible.

Outre la durée du deuil, les degrés dans l'expression de la douleur par le vêtement, le régime alimentaire, l'habitat reproduisaient les relations familiales rituelles : les personnes les plus proches du défunt chef de famille devaient ainsi porter un vêtement spécial, quitter leur chambre habituelle pour une hutte, se contenter d'une nourriture très fruste et bien entendu quitter leur travail. Le rituel différait selon que le défunt était ou non à la tête d'une famille ; une femme, un enfant n'avaient droit qu'à des rituels plus ou moins simplifiés ; au fur et à mesure que la distance séparant du défunt augmentait, les rituels se faisaient plus courts, moins intenses.

Les cultes rendus à des divinités, elles aussi qualifiées de « confucianistes », méritent une mention particulière. L'un est rendu à Confucius lui-même, sur son lieu de naissance, à Qufu, dans la province actuelle du Shandong. Des temples dédiés au maître et à ses disciples se sont ainsi répandus dans toutes les régions avec l'encouragement des autorités ; sur des initiatives privées, certains se sont installés dans des écoles et des académies.

Voici, brièvement survolés, les divers phénomènes qu'englobe, selon les définitions, la « culture confucianiste », au-delà du message moral et politique précédemment présenté. Ils se rattachent de manière variée à l'auteur des *Entretiens*. Il est douteux, par exemple, que Confucius aurait approuvé que des cultes lui soient rendus. Il semble pourtant légitime d'appeler « confucianiste » un culte rendu à sa mémoire.

Les rituels familiaux et domestiques, eux, sont dits « confucianistes » parce que les successeurs de Confucius les ont inlassablement codifiés et recodifiés. Beaucoup, cependant, ne sont même pas mentionnés dans les *Entretiens*.

Le système des examens d'accès à la bureaucratie pour sa part utilisait les classiques confucianistes comme objets d'étude, mais l'idée d'utiliser des examens formels, aussi objectifs que possible, pour mesurer les compétences ne semble pas avoir de racines dans les *Entretiens* ou le *Mencius*. La vertu, normalement, n'est pas jugée à l'occasion d'examens. En fait, ces examens semblent plutôt provenir d'une inspiration légiste, hostile au confucianisme. Cependant, puisque le curriculum des examens était composé de textes confucianistes, l'adjectif n'est pas usurpé.

Essentiels pour la compréhension de la société chinoise, ces avatars du confucianisme ne nous occuperont cependant pas plus longtemps : la raison en est simplement qu'on ne les trouve pas au Japon.

Les aspects non discursifs du « confucianisme » au Japon

L'ordre politique

Concentrons-nous maintenant sur le Japon. Le sort, dans ce pays, des phénomènes identifiés comme relevant du confucianisme, depuis les structures politiques jusqu'aux rituels domestiques, est bien différent de celui que nous avons trouvé en Chine.

Le Japon s'est gardé d'adopter le système des examens impériaux développé sur le continent. Il exista certes : dès la période impériale, au VIIIe siècle, furent mis en place quelques examens des compétences, mais ils ne prirent jamais l'ampleur qu'ils avaient reçue en Chine. Les érudits confucianistes japonais dénoncèrent à juste titre cette absence ; ils la tenaient pour une manifestation de leur médiocre position sociale. La plupart s'y résignèrent pourtant. Ils comprenaient que l'adoption d'un tel système sur l'archipel aurait soulevé des difficultés insurmontables en raison de la nature, résolument non-confucianiste, pour ne pas dire anti-confucianiste, de l'ordre politique et social indigène.

Considérons donc les caractéristiques respectives de l'organisation politique et sociale en Chine et au Japon.

En Chine l'empereur n'était évidemment pas issu des examens. On a vu plus haut que l'idée d'une succession héréditaire du pouvoir suprême ne relevait pas des principes de l'inspiration confucianiste qu'on voit dans les *Entretiens* ou le *Mencius*. Elle cadrait fort mal avec l'idée confucianiste que le plus sage des hommes, et seulement lui, gouvernait les autres. Les théoriciens furent donc contraints à se livrer à quelques contorsions pour légitimer l'institution impériale. Ils prétendirent que l'empereur, même s'il était né dans cette position, était dépositaire d'un mandat pour régner – le mandat du ciel – que le ciel pouvait lui retirer.

En revanche, toute la bureaucratie indispensable au gouvernement était nourrie par le système des examens publics. Théoriquement, un paysan, en passant les concours, pouvait devenir premier ministre.

Bien entendu, l'étude des classiques demandait du temps, de l'argent, des tuteurs, que seules pouvaient se permettre des familles fortunées, mais certaines garanties (anonymat des copies par exemple) rendaient théoriquement possible la récompense des mérites de n'importe quel individu.

Cette bureaucratie experte dans les classiques confucianistes prétendait volontiers que le seul rôle de l'empereur était de montrer l'exemple d'une conduite absolument vertueuse. Selon le dogme de la bonne nature humaine, il suffisait en effet qu'un homme donne l'exemple de la vertu pour que tous les autres, dans le cœur desquels la vertu sommeille, se mettent à l'imiter. Ce système conférait de tels privilèges aux bureaucrates, seuls à connaître le détail des affaires, que, pour s'affranchir de leur tutelle et superviser en permanence leur action, certains empereurs s'entourèrent d'hommes de confiance qu'ils opposaient aux mandarins arrogants : le pouvoir accordé aux eunuques à certaines époques en fournit un exemple.

Le Japon présente une structure on ne peut plus différente. Le pouvoir impérial et celui des grandes familles aristocratiques laissèrent la place après le XIIe siècle à celui des seigneurs de guerre. Périodes de guerre civile incluses, le Japon du XIIe au XIXe siècle fut dominé par la dictature militaire et féodale de la classe des guerriers (*bushi* ou samurais) qui avaient prêté allégeance à leur seigneur (les *daimyô*) ou, pour ces derniers, au plus puissant d'entre eux, le généralissime (shôgun).

La période des Tokugawa (1603-1868, ainsi désignée par référence au nom de la famille des shôgun au pouvoir) est considérée comme la plus confucianiste de l'histoire du Japon. Les postes de direction du gouvernement militaire (*bakufu*) aux ordres du shôgun étaient pourtant monopolisés par des seigneurs féodaux, les *daimyô*. Le même système s'imposait aux quelque deux cents fiefs qui, avec les terres propres du shôgun, composaient le pays ; au sommet, se tenait le seigneur féodal, puis, sous son autorité, était installée une administration uniquement composée, en importance décroissante, de guerriers. Les fonctions les plus hautes étaient réservées à ceux qui provenaient de la meilleure extraction.

Les titulaires de positions officielles étaient donc nécessairement issus du petit nombre de familles dont le statut militaire – et le revenu puisque le revenu était fonction du statut – convenait à cette fonction. On devine combien était limitée la réserve de talents susceptibles d'occuper les plus hautes fonctions. Être employé au-dessus ou en dessous des postes auxquels sa naissance donnait droit était impensable. La pénurie de compétences était telle que souvent il fallait promouvoir à un poste auquel il n'avait pas droit un homme de grande capacité mais de naissance et de statut insuffisants : on lui accordait alors un supplément de rétribution, afin que son nouveau revenu le place au niveau des familles qui pouvaient prétendre à son emploi.

On peut douter, comme on l'a fait, de la nature véritablement « confucianiste » du système des examens, mais ce système produisait quand même des experts imprégnés des principes confucianistes, capables d'accéder selon leurs capacités au plus haut niveau de responsabilité politique. En revanche, la structure politique du Japon, dominée par une classe militaire que, sur le continent, les lettrés confucianistes reconnus tenaient en suspicion, était la plus anti-confucianiste qu'on pût concevoir. Cela n'avait pas toujours été le cas, mais, sous les Tokugawa, les guerriers disposaient d'un statut héréditaire interdit aux autres groupes sociaux et détenaient un monopole sur le pouvoir politique. Nombreux – leur classe représentait environ 7% de la population -, ils étaient divisés en de multiples rangs, également attribués par héritage, dont il était très difficile de s'extraire : une superposition de statuts en quelque sorte. Le reste de population était contenu dans la condition des roturiers que lui prescrivait sa naissance. Il faut ajouter les nombreux micro-statuts, souvent imposés à vie, depuis celui de l'empereur et de la noblesse de cour jusqu'à celui des parias, sans compter ceux qui gouvernaient les professions particulières : masseurs aveugles, pêcheuses de perles,...

Le Japon des Tokugawa avait établi, aux antipodes de la méritocratie morale des principes confucianistes, une société dans laquelle le sort des habitants était largement scellé à leur naissance.

La famille

Semblables différences séparaient les systèmes de parenté. Comme en Chine et, sans doute dans tous les pays non-industrialisés, la relative faiblesse de l'appareil d'État contraignait les organisations présentes sur le terrain, les villages et, dernier maillon, les familles, à relayer le contrôle social. Ces organisations étaient-elles « confucianistes » ? Soulignons pour commencer les considérables variations des structures et des institutions familiales ainsi que des modes de succession et de mariage dans le temps, dans l'espace, mais aussi dans les divers groupes de la population.

Dans la société aristocratique d'Heian (794-1185), par exemple, le mari allait souvent habiter dans la famille de son épouse. Dans certaines régions du Japon, c'était le plus jeune fils qui héritait de la ferme. Partout les familles sans fils adoptaient des maris pour leurs filles, voire des couples déjà mariés ou à marier. La famille nucléaire était beaucoup plus répandue qu'on ne l'a longtemps pensé. Certes, des traits communs existaient, parfois partagés avec les structures familiales chinoises – ainsi le patriarcat ou le mariage virilocal – mais ce sont des traits quasiment universels qu'une influence confucianiste ne peut expliquer.

Cette variété des situations a conduit les anthropologues à se montrer très prudents dans l'étiquetage des systèmes de parenté – unilinéaire ou cognatique – et de famille – souche, communautaire, etc. Ils n'en considèrent pas moins que la famille et la parenté japonaises différaient profondément du « modèle » chinois ou confucianiste. L'institution appelée en japonais *ie* se répandit, du haut – des élites – vers le bas, particulièrement sous les Tokugawa. Elle avait pour caractéristique majeure d'être plus qu'une famille : une unité productive ou économique dont la perpétuation importait avant tout. D'où la nécessité d'adopter des maris, voire des couples de successeurs, en cas d'absence d'héritier mâle ou d'héritier compétent ; d'où aussi l'instauration d'un système de retraite (*inkyo*) par lequel un chef de foyer se retirait pour laisser la direction de la famille à un élément plus jeune. Ces évolutions ont été dictées de l'intérieur, par des considérations pratiques, par l'émulation des familles de samurais, mais en aucun cas par un modèle confucianiste.

Sous les Tokugawa, le résultat fut même porté aux antipodes de ce modèle. La famille japonaise était normalement une « famille souche », où un fils était le seul héritier : rien de commun avec la famille communautaire chinoise. Par ailleurs la fréquence des adoptions de fils ou de gendres dans des familles privées d'héritier mâle, sans qu'aucune contrainte de parenté ne soit apportée (le fils adopté prenait le nom de famille de son épouse) fait que la filiation était cognatique, c'est-à-dire bilatérale, ou indifférenciée, à l'opposé de la filiation agnatique pratiquée en Chine. Indice significatif : si, en chinois, les cousins, oncles et tantes ont de noms différents selon qu'ils sont paternels ou maternels, la langue japonaise ne fait aucune différence entre eux.

Une comparaison avec les caractéristiques confucianistes de l'institution familiale chinoise que sont les rituels funéraires et les cultes des ancêtres confirme ce constat, si l'on fait abstraction des inévitables et considérables variations dans l'espace et dans le temps. Les cultes des ancêtres se déroulaient au Japon à plusieurs niveaux : dans les temples pour leurs paroissiens, au sein de l'organisation regroupant maisons mère et cadettes (*dôzoku*), ou d'une unité interne au village, et à l'intérieur des familles. Mais jamais, à aucun de ces niveaux, ils n'ont été soumis aux codifications rencontrées en Chine. Et pour cause : au Japon, c'est le bouddhisme qui fournit les concepts et les rites pour traiter la mort et les morts, depuis que le gouvernement du *bakufu* avait imposé aux Japonais de s'inscrire auprès d'un temple bouddhiste.

En sus, ou en compensation de la responsabilité qui leur était attribuée d'établir la liste des habitants et, au passage, d'attester leur non-appartenance à la religion chrétienne, ces temples se virent accorder un monopole de fait sur les rites funéraires. Tous les Japonais inscrits auprès d'un temple, d'une école bouddhiste, lui confiaient l'organisation des cérémonies funéraires contre des sommes sonnantes et trébuchantes. On remarquera que cette mesure, qui assura aux temples des revenus étonnamment stables, fut sans doute aussi responsable du déclin spirituel du bouddhisme. Transformés en officines de pompes funèbres, de nombreux sanctuaires étaient assurés de profiter d'un public sans cesse renouvelé, puisque les familles restaient affiliées à un temple d'une génération sur l'autre, et n'avaient guère de raison de se préoccuper de spiritualité.

Dans les rites non répétés, comme les anniversaires régulièrement célébrés pendant un nombre variable d'années suivant le décès (souvent trente-trois), ou dans les rites répétés pour l'ensemble de la communauté (*o-bon*, *higan*), on rencontrait donc avant tout des éléments bouddhistes et non-confucianistes. Une coloration *shintô* apparaissait aussi fréquemment, lorsque les ancêtres se confondaient avec les déités *kami* du village (*uji gami*). Autres illustrations de la différence entre les conceptions de la filiation en Chine et au Japon : l'ancêtre qui avait défini la lignée n'était pas l'objet d'un culte séparé ; la représentation du lignage paternel, même si les tablettes funéraires étaient individuelles, n'apparaissait pas, et l'indécision dans laquelle on tenait la personne responsable de ces rites montrait la moindre importance des liens du sang.

Le traitement du corps après la mort appelle des remarques semblables. Les théoriciens confucianistes, soucieux, au nom de la filialité, de maintenir l'intégrité du corps après la mort et de le restituer comme il avait été reçu, refusaient l'incinération. La situation était très différente au Japon où l'incinération est ancienne. Certes, pendant l'époque d'Edo, en dépit de l'institutionnalisation du bouddhisme et du monopole *de facto* accordé aux temples bouddhistes pour organiser les cérémonies funéraires, l'enterrement était encore assez fréquent, mais le choix obéissait à des raisons économiques et non-idéologiques. L'incinération l'emportait quand même, au point que, lorsque le gouvernement de Meiji, promouvant le *shintô*, perçu comme purement japonais aux dépends du bouddhisme, et persuadé que l'incinération était d'origine bouddhiste, tenta de l'interdire, il dut rapidement faire marche arrière. Aujourd'hui, l'incinération est imposée par la loi, avec quelques exceptions remarquables comme l'empereur, une minorité religieuse et quelques villages près de Nara.

Les rituels funéraires et les autres rituels de la vie – rite de passage, mariage – eux non plus n'étaient pas marqués par les rituels confucianistes codifiés par les auteurs néo-confucianistes. Quand ils étaient effectués, les rites de naissance étaient *shintô*, comme les cérémonies de mariage, et la cérémonie d'accès à l'âge adulte (*genpuku*).

Le culte de Confucius au Japon

Un constat similaire s'applique aux cultes religieux non-bouddhistes. Au Japon, les cultes populaires célèbrent les dieux des montagnes, les divinités shintô, ou prennent la forme de cérémonies animistes ou shamanistes ; ce ne sont pas des cultes des ancêtres comme le veut le confucianisme. Il exista certes des services en hommage à Confucius, mais, loin d'être des cultes populaires spontanés, ils prirent l'aspect de cérémonies officielles organisées par les pouvoirs, central ou locaux. L'académie officielle du gouvernement *bakufu* – officielle en ce sens qu'elle bénéficiait d'un soutien financier du gouvernement et que celui-ci lui demanda parfois de ne pas faire place aux doctrines « hétérodoxes » qui manifestaient pourtant le mieux la vitalité des auteurs confucianistes au Japon – disposait d'une salle dédiée à Confucius et y organisait deux fois l'an une cérémonie d'hommage à ce penseur (*sekiten*).

Dans leurs domaines, les *daimyô* organisaient souvent des cérémonies similaires, et il arrivait que les écoles privées disposent d'un petit autel dédié à Confucius. Des personnes privées manifestèrent également leur volonté d'exprimer le respect qu'elles portaient au sage. Ces initiatives ne justifient pourtant pas qu'on y voie autre chose que des cérémonies symboliques, seulement destinées à souligner la déférence que le pouvoir accordait au nom de Confucius : il serait prudent de ne pas exagérer l'impact de ces mesures sur les habitudes et les mentalités.

Concluons : tous les aspects politiques du « confucianisme », le système des examens autant que la bureaucratie, tous ses aspects sociaux, depuis l'organisation de la société jusqu'aux rituels de la vie quotidienne, sont absents du Japon.

Quel impact alors reconnaître au « confucianisme » transporté au Japon ?

Introduction et diffusion du confucianisme au Japon

La réponse à la question concluant le chapitre précédent est simple : au Japon, le confucianisme était avant tout un *discours.* Ni ensemble de pratiques, ni système de rituels, ni structure politique, pas davantage organisation sociale ou familiale, il resta un discours sur la morale, la politique et, dans l'effort qu'il accomplit pour justifier les normes morales et politiques, un discours sur la nature, c'est-à-dire une métaphysique. Discours, au singulier ou au pluriel ? On emploiera le pluriel si l'on considère les positions prises par différents auteurs ; le singulier si l'on s'attache à ce qui les rassemble : la référence à Confucius.

La description de ces discours mettra d'abord en évidence leurs divergences avec ceux qui circulaient sur le continent ; dans un second temps, sera abordée la question de leur possible influence sur les mentalités et les pratiques des Japonais d'hier et d'aujourd'hui.

La diffusion du discours confucianiste

Quand et comment le discours confucianiste a-t-il pénétré sur l'archipel ? La vie de Confucius correspond à la fin de l'époque Jômon. Le Japon ignorait encore l'écriture. Bien plus tard, au IIIe siècle de notre ère, des documents chinois mentionnent un royaume de Yamatai, probablement situé dans le nord de l'île du Kyûshû. Il aurait entretenu des relations diplomatiques épisodiques avec le pays chinois de Wei. Disposait-il de scribes pour entretenir des relations avec Wei ? L'écriture n'était toujours pas d'usage courant. Cependant un long processus d'unification autour de la plaine de

Yamato et d'une famille qui pourrait être l'ancêtre de la lignée impériale actuelle en imposa l'usage quelques siècles plus tard.

L'écriture était évidemment indispensable à la gestion d'une unité politique prenant son essor : la composition des codes législatifs, des directives, des ordres, la rédaction des rapports venant de provinces éloignées en imposait l'usage, tout comme la constitution d'une mythologie officielle fixée sur le papier et la construction d'une mémoire soigneusement recomposée pour soutenir le pouvoir. Laissons de côté la date traditionnellement avancée pour l'importation des caractères et des classiques chinois (404 ap. J.-C.), et considérons qu'à partir des IV-Ve siècles de notre ère une petite minorité cultivée s'initia à la pratique de l'écriture et de la lecture du chinois.

Avec l'écriture, c'était toute la culture chinoise qui faisait irruption au Japon, à commencer par le bouddhisme, utilisé à des fins uniquement politiques pour rehausser le prestige impérial, il devint aussitôt l'enjeu de sanglantes luttes de pouvoir.

Les grands temples bouddhistes si appréciés aujourd'hui des visiteurs, à Nara et à Kyôto, comme le Tôdai-ji, le Horyû-Ji, sont les souvenirs d'une religion entièrement consacrée aux cérémonies d'État : rituels et cérémonies y étaient organisés pour soutenir le régime impérial. Dès cette époque, quelques prédicateurs tentèrent d'introduire l'enseignement bouddhiste parmi les masses paysannes ; il fallut pourtant attendre la période Kamakura (1185-1333) pour que de nouvelles écoles soient importées ou créées. Leurs enseignements ont trouvé des échos réels et le bouddhisme a gagné en popularité. Mais le contraste subsistait entre le bouddhisme installé à la cour et parmi les élites, véhicule de la culture et de l'expression du pouvoir, et les cultes populaires, animistes, *shintô*, shamanistes qui représentaient l'essentiel des pratiques religieuses de la population.

Ce qui vaut pour le bouddhisme s'applique de la même façon au confucianisme. Ce dernier se présentait comme un corpus d'ouvrages auxquels les successeurs spirituels de Confucius avaient donné, à tort ou à raison, le statut de « classiques » chargés de transmettre son enseignement : les *Annales de Printemps et d'Automne,* les *Documents,* les *Entretiens,* la *Grande Étude,* le *Juste Milieu,* le *Mencius,* la *Musique,* les *Mutations,* les *Rites,* les *Odes,...* Documents littéraires, historiques ou philosophiques, ils étaient fort différents des sutras bouddhistes. Bien mieux qu'eux, car ils représentaient une grande diversité de genres, ils incarnaient la langue écrite. Apprendre à lire le chinois, c'était lire les ouvrages « confucianistes ».

Invoquer ces ouvrages conférait aux institutions étatiques l'éclat et la caution d'une culture supérieure. À côté d'autres disciplines, comme l'astronomie et les mathématiques, ils étaient inscrits au programme du Daigakuryô, un établissement d'enseignement développé dans l'appareil de la cour impériale pour former ses futurs officiels. L'enseignement et le commentaire des classiques devinrent d'ailleurs le monopole de quelques familles de courtiers responsables de cet établissement, qui protestèrent vigoureusement lorsque des érudits indépendants, au début de l'époque des Tokugawa, commencèrent à donner des conférences publiques sur le confucianisme.

On peut donc douter qu'à l'époque, les principes moraux du confucianisme aient été vraiment répandus dans la population, aussi largement ignorante des notions bouddhistes que des préceptes confucianistes. Mais les idées caractéristiques de ces mouvements de pensée, telles les notions de vertus et de piété filiale, les références aux classiques, l'idée du ciel, indissolublement liées au chinois, langue de la culture, devaient forcément s'immiscer dans les écrits de tous genres comme tropes, figures et habitudes de style ou comme marques de cachet et de prestige. Voilà pourquoi, dans les premières œuvres de la littérature japonaise, les références aux notions et valeurs caractéristiques du confucianisme n'apparaissent jamais isolées, dans des arguments cohérents et confucianistes de bout en bout ; au contraire, elles sont constamment mêlées aux autres signes de culture :

notions bouddhistes, voire éléments de la mythologie impériale constituée avec l'écriture chinoise dès le VIIIe siècle.

Voici un excellent exemple de cette rhétorique dans un récit épique du XIIIe siècle, le *Dit de Heike*. Taira no Kiyomori, premier chef de guerre à imposer sa volonté à l'empereur, laissant deviner les développements ultérieurs (voir plus bas), se fait reprendre par son fils :

> *Que jetant aux orties la robe signe de délivrance et de détachement de bouddhas des trois âges, ayez soudain revêtu l'armure et vous soyez armé de l'arc et des flèches, c'est là non seulement violer impudemment les cinq interdits, mais encore vous dresser contre les règles de l'humanité de la justice de l'urbanité de la prudence et de la sincérité. [...] Dans ce monde nous avons quatre sortes d'obligations. Ce sont les obligations envers le ciel et la terre, les obligations envers le souverain, les obligations envers le père et la mère. Les obligations envers tout ce qui vit. [...] Or qu'à cette heure, oublieux de ces immenses obligations, vous veuillez plier à votre caprice l'Empereur Moine, c'est là vous dresser contre les divines volontés de la Grande divinité qui luit au ciel et de Shô Hachiman gû. L'Empire du Soleil Levant est le Royaume des Dieux. Et les Dieux n'admettent point que l'on manque aux règles.* (Traduction de René Sieffert.)

Ce texte mélange sans hésitation apparente le bouddhisme (les « cinq interdits »), le confucianisme (« les règles d'humanité, de justice, de ritualité, de savoir et de fidélité » aperçues plus haut) et le *shintô* (la « Grande divinité qui luit au ciel ») !

Si le bouddhisme connut une diffusion plus massive dès l'époque dite de Kamakura, le confucianisme, quant à lui, resta longtemps encore contenu dans ce rôle littéraire, rhétorique ou symbolique, et confiné dans le petit milieu de la cour et celui de quelques grands temples où des moines l'étudiaient. Son apogée est encore lointaine.

Au gouvernement de la cour impériale, dominé par les nobles durant les époques de Nara (710-794) et Heian (794-1185), succéda à la fin du XIIe siècle le premier gouvernement des guerriers, que les historiens dénomment *bakufu* (« gouvernement de la tente ») : le pouvoir parvint aux mains de la famille des Minamoto, puis des régents Hôjô pendant la période de Kamakura, petite ville située près de Tôkyô où s'installa le siège du gouvernement entre 1185 et 1333. Quand le pays sombra dans la guerre civile, qui opposait différents clans guerriers, le gouvernement fut remplacé par un second *bakufu*, dit de Muromachi (du nom de son siège, de 1338 à 1573). Il connut rapidement le même sort. Jusqu'à la fin du XVIe siècle, le Japon resta déchiré par des guerres civiles.

L'action de trois chefs de guerre, Oda Nobunaga (1534-1582), Toyotomi Hideyoshi (1537-1598) et Tokugawa Ieyasu (1543-1616), aboutit à l'unification du pays : le dernier cité élimina ses rivaux pour fonder, en 1603, le troisième gouvernement *bakufu*, celui des Tokugawa. Il assura au pays une période de paix sans précédent, la *pax Tokugawa*, pendant la période dite d'Edo (nom attribué entre 1603 et 1868 à la ville aujourd'hui appelée Tôkyô).

Cette paix, et l'urbanisation qu'elle entraîna, accompagnèrent l'expansion du confucianisme. L'étude des classiques, l'éducation des élites, la pratique des figures et des références littéraires échappèrent enfin au cercle étroit de la cour impériale. Les classiques confucianistes étaient de longue date étudiés dans quelques établissements bouddhistes, hauts lieux de culture. Lorsque la paix fut rétablie, certains moines quittèrent leur temple et se consacrèrent à la diffusion du confucianisme. Les premiers prosélytes de renom, Fujiwara Seika (1561-1619) et son élève, Hayashi Razan (1583-1657), étaient d'anciens prêtres bouddhistes, qui choisirent le confucianisme avec l'intention de s'adresser au pouvoir en place.

Pourquoi cette démarche, pourquoi cette apparition des textes, des commentaires, des idées – bref, du discours – sur la scène publique ?

Une représentation de la société et des rapports politiques

Une première raison qui explique l'émergence du discours confucianiste dans cette période de paix est qu'il était le plus qualifié pour fournir le vocabulaire indispensable à la réflexion sur l'organisation de la communauté et du pouvoir et à la justification de cette organisation, que le contexte politique rendait possibles et même nécessaires.

Le bouddhisme et le *shintô* étaient également disponibles, mais ils étaient moins bien équipés pour expliquer et justifier un ordre politique, moral et social. Le bouddhisme s'attachait principalement au salut individuel dans un autre monde. Certes, ses différentes écoles commençaient à se préoccuper d'offrir aux croyants et aux pratiquants des bénéfices plus immédiatement tangibles que le salut dans l'au-delà : *genze riyaku*, « des bénéfices dans ce monde ! »

> Aujourd'hui encore, on voit affluer vers les temples bouddhistes des gens qui, sans doute pour tromper leur scepticisme, achètent diverses amulettes. Selon la spécialité des temples, elles leur promettent longue vie, accouchement sans problème, voyage sans incidents, mariage heureux, réussite scolaire, etc.

Cependant, cette disposition ô combien séculière du bouddhisme japonais repose sur des superstitions, non sur une philosophie politique et sociale. En fait, le bouddhisme n'était guère explicite sur les formes de l'organisation politique et sociale. Certains moines tentèrent de le rendre plus loquace : ils enrobèrent leurs injonctions politiques et sociales – « travailler dur », « servir son maître », « respecter ses aînés » – d'un vernis bouddhiste et de préoccupations religieuses. Mais pour traiter des relations sociales, ils devaient forcément recourir à un vocabulaire confucianiste. Un érudit, Dazai Shundai, toucha un point sensible quand il reprocha au bouddhisme de rejeter toutes les relations sociales – entre parents, entre supérieurs et subordonnés, entre aînés et cadets – ou politiques, de refuser tout travail, toute fonction sociale, et de réduire ses fidèles à l'état, asocial par excellence, du parasitisme et de la mendicité.

Quant au *shintô*, il lui restait à inventer son propre discours politique. Il le fit par la suite, et légitima l'autorité impériale contre le gouvernement des guerriers : il présenta alors ces derniers comme des usurpateurs, et réclama, sans parvenir à le mettre en œuvre, le gouvernement direct de l'empereur. Cependant, à l'époque qui nous intéresse, le *shintô* était surtout présent dans les cultes populaires et les croyances animistes ou shamanistes ; il paraissait aussi dans les cultes associés à la cour impériale, au sanctuaire d'Ise, par exemple, et dans les généalogies de la famille impériale. (L'institution impériale, quasiment disparue de la scène au cours des siècles précédents, fut soutenue financièrement par les shôguns Tokugawa, mais placée sous son contrôle étroit.) Sans doute, certains auteurs du mouvement des Études nationales s'attachèrent, dès le XVIIIe siècle, à insuffler aux écritures du *shintô* une autre dimension. Ils se trouvèrent cependant confrontés au même problème que les bouddhistes soucieux de donner une portée sociale et politique à leurs doctrines, et n'eurent d'autre solution que de recourir au vocabulaire confucianiste des classiques chinois pour parler des relations sociales.

Quoiqu'il en soit de ces autres discours, une fois la paix rétablie, un certain nombre d'activités ou de genres littéraires et artistiques, jusque-là entravés par les guerres civiles et réfugiés dans les temples, retrouvèrent une vigueur nouvelle. Pour se développer, la réflexion sur la société, l'analyse historique et la spéculation politique durent emprunter leur vocabulaire aux classiques confucianistes : les noms des attitudes indispensables au maintien de l'ordre social (piété filiale, loyauté, fidélité), les notions de maître et serviteur (*kun* et *shin*), de relations interpersonnelles (*rin*), de vertus (*toku*), d'ordre social (*an*, *michi*), de gouvernance (*chi*), de rituels et lois (*rei*, *hô*), de souverain (*kun*, *shukun*, *kimi*), de peuple (*tami*), de statuts ou d'états (*bun*, *mibun*), de groupes sociaux (*shi*, *nô*, *kô*, *shô*), semblent tous marqués du sceau du confucianisme.

Il était bien sûr possible de puiser ce vocabulaire dans des courants de pensée opposés au confucianisme dans la Chine antique, tels les ouvrages légistes, qui accordent la priorité aux lois sur les rites et les vertus, ou le classique du mohisme, *Mozi*, qui prône un amour universel et critique les rituels à la fois pour leur pompe dispendieuse et pour les distinctions qu'ils supposent, tels aussi les classiques taoïstes. Certaines notions marquées du sceau du confucianisme proviennent sans doute de ces ouvrages. Cependant, au Japon, leur usage était moindre et ils étaient considérés comme hétérodoxes. De plus, aucun de ces mouvements ne se constitua une littérature de l'ampleur de celle qui était associée au confucianisme, parfois par réappropriation et réécriture. En conséquence, tous les termes du vocabulaire socio-politique renvoient immédiatement aux ouvrages confucianistes.

Le marché des études confucianistes

La capacité du vocabulaire confucianiste à traiter des questions sociales et politiques est un facteur important dans la propagation de cette doctrine, certes, mais il n'est pas unique. Interviennent aussi dans cette diffusion les circonstances économiques de l'époque.

L'époque des Tokugawa se caractérise par une formidable urbanisation. Loin d'être le produit spontané d'un développement soudain des forces productives, elle fut au contraire un phénomène largement artificiel, déclenché par la décision du gouvernement militaire de regrouper les guerriers autour des châteaux de leurs seigneurs, et de n'autoriser qu'un château fortifié par fief. Quittant les campagnes où ils avaient vécu jusque-là au milieu de leurs paysans et de leurs terres, les guerriers des seigneurs féodaux se rassemblèrent donc dans une ville, et une ville seulement, de leur domaine. Même si cette politique est plus ancienne que l'ordre donné par les Tokugawa, la paix enfin rétablie lui donna une efficacité nouvelle.

La plus grande bénéficiaire de ce mouvement fut la ville d'Edo (Tôkyô) où résidait le shôgun. Une politique semblable fut imposée au niveau national et les seigneurs féodaux reçurent l'obligation de passer la moitié de leur temps à Edo, d'y faire construire des résidences et d'y laisser des contingents nombreux d'arrière-vassaux. Le résultat ne se fit pas attendre et on estime généralement qu'Edo devint au début du XVIIIe siècle la plus grande ville du monde, devant Londres, devant Pékin même !

Ces villes, bien évidemment, devaient offrir à leurs habitants marchandises, approvisionnement et services. Éloignés de leurs anciennes terres, les guerriers ne pouvaient plus puiser directement dans les greniers approvisionnés par leurs paysans, ni utiliser leur travail sous forme des corvées pour faire fabriquer leurs habits ou construire leurs résidences.

Arrivèrent alors dans les villes des marchands et des artisans, des serviteurs et des domestiques qui, tous, se faisaient payer en espèces. Les guerriers, initialement rémunérés en nature – en riz – n'avaient d'autre ressource que de vendre ce riz pour se procurer du liquide, des lettres de change, billets à ordre, ou autres instruments financiers avec lesquels ils achetaient biens et services. En un mot, ce sont les marchés, les échanges et l'économie monétaire qui connaissent un développement prodigieux.

Rapidement ces marchés font plus que satisfaire les besoins de la vie matérielle. En effet, la paix revenue, la production agricole, soutenue par une politique énergique de défrichement et de mise en valeur de nouvelles terres, ne cessait d'augmenter. Ceci amena l'économie, pour une partie au moins de la population, au-delà du seuil de la subsistance. Une forte demande de services culturels apparut alors dans ces marchés urbains. Des spécialistes enseignèrent la composition poétique, l'art du *shamisen* (guitare à trois cordes), le chant du théâtre *nô*,... Le confucianisme, comme étude des classiques et de la langue écrite de prestige, occupa une place prépondérante dans le marché culturel. Il était considéré comme le capital culturel et symbolique par excellence. C'était une « doctrine » (*kyô*) particulière, à côté du bouddhisme et du *shintô* ; mais c'était aussi, tant il était associé à la culture littéraire chinoise, l'écriture, la réflexion, la moralité, l'histoire et la métaphysique. La preuve : le terme qui désignait les érudits confucianistes (*jusha*) fut chargé du sens plus large d'intellectuel et de savant (même si les érudits hostiles à la culture chinoise, comme les spécialistes des études nationales, ne se présentaient pas sous ce terme). Ces nouvelles circonstances en tout cas permirent aux intellectuels de vivre de leur enseignement. Certaines de leurs écoles acquirent une grande renommée et attiraient des centaines d'étudiants.

L'intérêt du gouvernement pour le confucianisme

Outre le marché de l'enseignement, d'autres acteurs importants intervenaient dans la diffusion du confucianisme : l'État central et les pouvoirs régionaux. Le gouvernement n'avait sans doute au départ qu'une faible idée de la distinction qui séparait confucianisme et bouddhisme. Lorsque le premier shôgun de la famille des Tokugawa, Tokugawa Ieyasu, décida de recruter un érudit confucianiste, Hayashi Razan, il fut demandé à ce dernier de se présenter devant ses nouveaux maîtres sous l'habit et avec la tonsure bouddhistes. Mais deux avantages du discours et des érudits confucianistes apparurent assez vite au shôgun.

Le discours confucianiste n'était pas seulement un vocabulaire destiné à la description et à la référence. Il était aussi prescriptif : il disait ce qu'il fallait faire et ce qu'il ne fallait pas faire ; il jugeait et il condamnait. La morale du confucianisme imposait des devoirs aux pouvoirs publics – s'occuper du peuple –, et commandait en retour l'obéissance à ce peuple. Elle supposait un ordre social simple ; elle structurait les relations entre des pôles hiérarchiquement organisés ; les individus placés dans les positions inférieures de ces pôles se voyaient prescrire la soumission et la docilité. On l'a dit, le confucianisme est une morale de soumission : le devoir de remontrances quand le supérieur s'égare existe bien, mais le droit d'insoumission n'est pas reconnu. Le gouvernement militaire du *bakufu* ne pouvait demeurer insensible à ce genre de discours.

Essentiel aussi fut le besoin ressenti par le *bakufu* et les pouvoirs locaux de faire appel à des conseillers familiers de l'histoire du Japon et de la Chine, pour rédiger des documents généraux, des argumentaires, des correspondances diplomatiques, pour échanger avec la cour et les pouvoirs locaux, quand ce n'était pour trouver des précédents aux politiques considérées. Parmi ces fonctions, la justification des actions du pouvoir, de ses formes, des modalités de son action, occupait une place importante.

Une des questions que le shôgun Tokugawa Ieyasu posa au confucianiste Hayashi Razan concernait ainsi une possible justification de la guerre qu'il livra au fils du deuxième unificateur du Japon, Toyotomi Hideyoshi. Ieyasu avait prêté allégeance à Toyotomi Hideyoshi ; juste avant sa mort, il lui avait promis de rester fidèle à son fils, Hidetomi, encore jeune. Hidetomi était aux yeux de beaucoup le chef légitime des maisons guerrières. La guerre que lança victorieusement Ieyasu contre lui se termina par sa mort ; celle-ci pouvait donc apparaître comme un régicide. L'histoire chinoise fournit fort à propos des exemples de régicide légitimés par les confucianistes, notamment ceux qu'avaient commis les usurpateurs Wu and Tang. Affirmer que

Wu et Tang n'étaient pas des régicides, mais qu'ils avaient déposé des monarques ayant failli à leur devoir, comme le fit l'érudit Razan en reprenant un argument classique, c'était justifier la trahison de Tokugawa Ieyasu.

Certes, le pouvoir que venait de conquérir le shôgun ne résultait que de sa puissance militaire. Celle-ci, bien entendu, n'avait aucune justification morale. Mais la victoire laissait aussi entrevoir la paix. C'est cet aspect que le gouvernement militaire choisit de mettre en exergue : il légitima son pouvoir par le retour à la paix et la sécurité qu'elle offrait au pays. Cette justification – la seule possible en fait, puisqu'il ne pouvait se targuer des origines divines de la famille impériale – pouvait aisément être formulée en des termes empruntés aux confucianistes. En revanche, dans un argumentaire inspiré par le *shintô*, le gouvernement militaire serait apparu comme usurpateur : il aurait dû obéissance à l'empereur en vertu de l'ascendance divine de celui-ci, quels que fussent ses mérites : un empereur, même vicieux, corrompu et inique, doit être obéi de la même façon qu'un bon empereur. Le confucianisme affirmait, lui, que les princes justes – les vrais princes - étaient ceux qui veillaient au bien-être de leur peuple. Le fils de l'ancien maître du shôgun fut pour ces raisons présenté comme un fauteur de troubles qui mettait en danger le pays et la tranquillité de son peuple.

Par la suite, Hayashi Razan et ses successeurs écrivirent plusieurs histoires officielles du Japon. Ils insistèrent sur le fait que le régime des Tokugawa était légitime parce qu'il avait mis fin à une longue période de guerres civiles.

Conscient de l'utilité que pouvaient représenter une théorie aussi axée sur le concept d'obéissance et l'adhésion de penseurs versés dans les classiques, la science politique et l'histoire chinoise, le gouvernement militaire accorda un modeste soutien à Hayashi Razan. Il reçut pour mission de fonder une académie où devaient être formés les érudits utiles aux desseins du pouvoir central et éduqués les rejetons des familles de samurais.

Dans le quartier d'Ochanomizu, à Tôkyô, se trouvent aujourd'hui encore les bâtiments reconstruits de cette académie, la Shôheizaka gakumonjo ou Yûshima seidô. Les seigneurs vassaux imitèrent les initiatives du gouvernement ; ils installèrent à leur tour dans leurs fiefs des académies.

Le contenu du discours confucianiste

Bénéficiant ainsi du soutien des autorités, le discours confucianiste se diffusa, à partir du XVIIe siècle, dans les académies, les instituts et les écoles ; il s'infiltra dans les conférences et les prédications, dans les injonctions des pouvoirs et dans les ouvrages de morale et de philosophie. Nous nous proposons maintenant de considérer ce discours, non pas en examinant chacun des courants qui le composent, ni en étudiant tous les penseurs qui l'ont développé, mais en relevant ses caractéristiques générales.

Un passage des *Entretiens*, cité au début du présent ouvrage, exprime parfaitement ce qu'on peut appeler le noyau dur du confucianisme : une bonne société est celle où « *le prince est prince, le père est père et le fils est fils* ». Cette phrase suppose un type particulier de société, où les gens sont insérés dans des relations prédéterminées qui leur apportent une identité évidente, au-delà de tout questionnement, et qui décide immédiatement de leur statut, de leur style de vie et de leurs comportements dans ces relations. Les théories morales qui reprennent cette conception appellent « vertus », plus précisément « normes de relations » (*jinrin*), les comportements qui expriment dans les relations et les modes de vie spécifiques l'identité de chacun.

Ce noyau dur de la philosophie sociale, implicite dans l'enseignement confucianiste, fut repris avec enthousiasme au Japon par des penseurs qui, nous le verrons bientôt, s'opposaient sur bien d'autres questions. Tous considéraient le message moral comme universel et absolu. Voici en quels termes l'un des plus influents penseurs de l'époque des Tokugawa, Itô Jinsai, s'exprimait sur ce sujet :

> *Dans les quatre directions cardinales, dans les huit coins du monde, du centre de l'univers à ses extrémités, où grouillent les êtres barbares, il n'existe nul endroit où n'existent les relations morales entre maîtres et serviteurs, entre parents et enfants, entre maris et femmes, entre aîné et cadet, entre amis.*

Un autre penseur important, Kaibara Ekken, souligne comment le positionnement des individus à l'un ou l'autre des pôles des relations de base leur confère leur identité et leur impose des attitudes particulières.

> *La voie qui traverse ces cinq relations est que le maître prenne soin de son serviteur et que ce serviteur soit totalement loyal à son maître, que les parents aiment leurs enfants et que ceux-ci manifestent une totale piété filiale à leur endroit, que le mari démontre correction et conduite rituelle à l'égard de sa femme et que celle-ci soit docile et obéissante à l'égard de son époux, que les aînés protègent leurs cadets et que ces derniers respectent leurs aînés et que les amis soient sincères et confiants les uns vis-à-vis des autres, sans duplicité.*

Un tel discours semble taillé sur mesure pour justifier l'ordre féodal de la société des Tokugawa où les places reçues à la naissance et dans le cycle naturel de la vie déterminaient attitudes, consommation et styles de vie.

Le discours des auteurs confucianistes japonais ne pouvait pas rester à ce niveau de simplicité et se contenter de reformuler *ad nauseam* le principe moral et politique de base du confucianisme, l'obéissance dans les Trois relations. Il ne pouvait non plus se limiter à des variations sur des sujets depuis longtemps débattus. En fait, les auteurs confucianistes japonais apportent souvent des positions théoriquement intéressantes, originales, ou tout au moins exprimées avec une force particulière. Nous les examinerons dans le prochain chapitre, après avoir apprécié les facteurs qui ont favorisé leur apparition au Japon.

Parmi ces facteurs certains sont liés aux tempéraments et aux talents des individus ; ils échappent à l'analyse. D'autres, en revanche, relèvent des conditions et des circonstances de la vie contemporaine ; ils méritent une mention particulière.

Quelques raisons de l'innovation théorique

Se conformer aux circonstances

Les nombreuses tonalités spécifiques que nous révèleront les discours confucianistes au Japon s'expliquent d'abord par le fait que la structure politique de l'archipel n'a rien de commun avec l'idéal confucianiste. Les érudits savaient parfaitement que l'organisation familiale et les structures de la parenté étaient opposées en Chine et au Japon, et que les rituels codifiés par les néo-confucianistes chinois n'étaient pas pratiqués dans leur pays. Certains prônèrent une imitation fidèle des modèles sociaux et des rituels du continent ; la plupart avaient conscience qu'une telle recommandation appelait une véritable révolution. Se développèrent alors des discussions sur l'importance de prendre en compte les circonstances locales, en l'occurrence, selon une formule consacrée, « le temps, le lieu et les positions ».

> *Si l'on se conforme au temps et au lieu, comment pourrait-on ne pas trouver la voie juste du temps, du lieu et de la position ? [...]*

La loi (hô) est décidée en fonction de ce qui convient à l'époque. (Kumazawa Banzan.)

Si Tang et Wu [les fondateurs des dynasties Shang et Zhou] n'étaient pas comme Yao et Shun [les deux plus grands sages de l'Antiquité chinoise], c'est en raison [du changement] des temps (toki). Si Confucius n'est pas devenu comme Tang et Wu, c'est en raison de sa position sociale (kurai). Si dans le pays de Lu, il [Confucius] portait des vêtements à longues manches, et si dans le pays de Song il portait la coiffe des In, cela est dû à la localité (sato). (Hirose Tansô.)

Cette idée n'était pas inconnue en Chine, car force était de constater que les rituels y avaient bien changé depuis l'antiquité. Certains là-bas réclamaient une restauration des rituels les plus anciens ; beaucoup, à l'inverse, soulignaient, comme les auteurs japonais, qu'il fallait tenir compte des circonstances présentes. Cependant l'écart entre les pratiques anciennes idéales et les pratiques contemporaines était beaucoup plus important au Japon ; le discours pragmatique sur la nécessité de les adapter semble aussi y avoir été pour cette raison plus vigoureux.

Ceci ne signifie pourtant pas que le moindre écart entre les préceptes des discours confucianistes et les pratiques locales entraînât un ajustement novateur des premiers. Il arrivait en fait souvent que les érudits japonais fassent comme si de rien n'était, et continuent à manier des slogans en total porte-à-faux vis-à-vis de la réalité. Exemple : la description classique des quatre composantes de la communauté comme *shi-nô-kô-shô.* Dans le discours confucianiste, le slogan (pourtant d'origine légiste !) signifiait un nécessaire ordre de préséance entre quatre types d'occupations, toutes utiles à la communauté : les lettrés (*shi*), au sommet, les paysans (*nô*), ensuite, les artisans (*kô,*) et les marchands (*shô*), enfin.

Le Japon reprit ce slogan. Mais il ne disposait pas de lettrés. En revanche, il possédait une classe ignorée par le slogan, celle des guerriers samurais ou *bushi*. Cette classe ne pratiquait pas une occupation à laquelle chacun avait la possibilité théorique d'accéder, comme les paysans, artisans et marchands qui, théoriquement, pouvaient, en Chine, intégrer la condition de lettrés. Le statut était au Japon, nous l'avons vu, héréditaire. De ce fait même, il transformait en statut de même nature les autres occupations.

Il existait dans ce pays non pas quatre professions, mais seulement deux statuts : guerrier et non-guerrier, auxquels s'ajoutaient les micro-statuts précédemment mentionnés. Rien de tout ceci n'empêcha pourtant les confucianistes japonais d'utiliser le concept de *shi-nô-kô-shô* pour décrire et justifier la composition de la société dans laquelle ils vivaient. Il leur suffisait de considérer que les lettrés (*shi*) correspondaient aux guerriers japonais, et que les autres occupations étaient également des statuts, toutefois inférieurs.

Ils répétèrent maintes fois pareille manœuvre, souvent en distinguant simplement la lettre et l'esprit, l'intention (*i*) des classiques, puis en découvrant, fort opportunément, l'intention confucianiste dans les pratiques existantes.

Les différences considérables relevées dans l'organisation sociale et politique des deux pays incitèrent fréquemment les penseurs confucianistes japonais à adapter leurs prescriptions aux réalités indigènes et à adopter des positions originales, c'est incontestable. Mais chaque fois qu'il leur était possible d'utiliser le vocabulaire et les thèses traditionnelles, quitte à fermer les yeux sur certaines différences et incongruités, ils retenaient cette solution. C'est que les discours sont flexibles ; un soupçon de mauvaise foi, un zeste d'auto-tromperie peuvent engendrer des miracles. Nous découvrirons cependant dans le prochain chapitre un cas exemplaire où le discours traditionnel ne pouvait pas être repris tel quel en raison d'une particularité de l'ordre social et politique.

Les facteurs d'innovation dans la vie urbaine

La vie urbaine intervint davantage encore dans l'évolution du discours confucianiste. Apportant un style de vie nouveau, elle encouragea plusieurs tendances qui eurent un grand impact sur le développement de positions théoriques originales.

Dans les grandes villes, Edo, Ôsaka et Kyôto, les rapports marchands dominaient l'existence des habitants. Même dans les maisons guerrières, les domestiques « héréditaires » cédaient la place à des contractuels, salariés et temporaires, qui n'hésitaient pas à tourner le dos lorsqu'ils trouvaient meilleur emploi. Lorsque les guerriers étaient peu nombreux, à Ôsaka et à Kyôto, les rapports contractuels parvenaient à faire oublier les statuts, mais pas vraiment au profit de principes plus confucianistes. Le rôle de l'argent allait croissant, les personnes nouaient des rapports fondés sur l'intérêt, dictés par leurs objectifs personnels ; le succès des acteurs économiques déterminait leur position sociale. La prise de conscience de l'individualité donna naissance à des tropes modernes : l'amour romantique, les liaisons amoureuses tragiques, qui invitaient des individus à s'opposer à la société et aux traditions. Les romans d'Ihara Saikaku et les pièces de théâtre de Chikamatsu Monzaemon témoignent bien de ces changements dans les mentalités.

Pareilles évolutions devaient tôt ou tard trouver leur expression dans les représentations philosophiques. L'usage de la monnaie fiduciaire, les règles juridiques, les accords, les conventions réglant les rapports entre les pouvoirs, rendirent certains penseurs sensibles au caractère conventionnel des normes de la vie sociale. L'importance des techniques, les progrès technologiques, les découvertes scientifiques, provoqués par les besoins de l'économie et de l'agriculture et nourris par la lente introduction du savoir scientifique européen en sensibilisèrent d'autres, ou les mêmes, au raisonnement et aux méthodes scientifiques.

L'urbanisation eut un autre effet : beaucoup parmi les auteurs confucianistes étaient engagés dans une compétition sur le marché de la culture et de l´éducation. Or, le confucianisme offrait de nombreuses occasions de désaccords internes : ambiguïtés à élucider, conflits à prévenir, normes à justifier, écarts entre les pratiques en Chine et celles au Japon à expliquer, traditions indigènes comme le *shintô* à traiter, etc. La compétition économique des érudits se nourrit de ces ambiguïtés et indécisions. Ce climat favorisa la prolifération des écoles qui se critiquaient et créaient des lignes de démarcations ou des territoires identifiés par des thèses particulières. Les nouveaux venus sur le marché étaient particulièrement enclins à s'engager dans ces stratégies opportunistes.

La nature du discours confucianiste imposait certaines contraintes à ces stratégies de différentiation. Dans le paradigme confucianiste la nouveauté d'une thèse n'était certainement pas un argument en sa faveur : pour employer le vocabulaire des spécialistes de la rhétorique, la nouveauté n'était pas un *topos* efficace. Ce discours partait en effet de la supposition que tout avait été dit et que la voie avait existé sous sa forme parfaite. Confucius lui-même n'avait-t-il pas affirmé qu'il n'avait rien inventé ? C'est donc plutôt une surenchère en arrière, vers l'authenticité, vers l'ancien et vrai message obscurci par les siècles, qui guide ces stratégies de différentiation.

Il n'existait cependant pas au Japon d'orthodoxie, comme il en existait en Chine, dans le sens où une tradition définissait le curriculum officiel pour les examens. Est-ce là l'explication du foisonnement des écoles au Japon ? En partie sans doute. Certes, même en Chine, le privilège donné au néo-confucianisme n'empêcha jamais le développement d'autres interprétations : les plus grands penseurs chinois, sous les Ming et les Qing, n'ont pas manqué de critiquer les interprétations orthodoxes. Au Japon, les interprétations opposées au néo-confucianisme furent bannies de l'académie officielle du gouvernement, et de nombreux domaines imitèrent le *bakufu*, mais ce mouvement tardif (1790) n'eut guère d'impact sur les développements théoriques.

Considérant les développements théoriques dans toutes les écoles de pensée contemporaines, un érudit de cette période, Tominaga Nakamoto, souligna en tout cas cette dimension opportuniste de l'innovation, cette surenchère constante à laquelle les penseurs se livrèrent pour s'affirmer contre leurs prédécesseurs.

Tous ces facteurs – différences politiques et sociales avec la Chine, opportunités sur le marché, influence de la vie urbaine et de la corrosion des statuts –, se rejoignirent pour faciliter l'émergence de nombreuses théories souvent très novatrices.

Les discours confucianistes au Japon : orthodoxie et innovation

Ces conditions *a priori* favorables à l'émergence de positions originales ont-elles tenu leurs promesses ? Avant de relever un certain nombre de différences théoriques entre les confucianismes chinois et japonais, deux remarques s'imposent. La première est qu'il ne s'agit en aucun cas de les opposer en bloc pour ainsi dire. Des tonalités particulières, des thèses originales peuvent être découvertes dans les discours des érudits confucianistes sur l'archipel, mais aucune d'elles ne prétend représenter le confucianisme japonais, parce que, dans tous les cas, bien d'autres thèses et tonalités différentes ou rivales existent.

La deuxième est que ce survol ne prétend pas à l'exhaustivité : les paragraphes qui suivent seront concentrés sur les différences effectivement chargées d'une influence, immédiate ou indirecte, sur les pratiques. Seront en conséquence laissées de côté des différences souvent repérées, parce qu'elles paraissent trop abstraites pour être vraiment significatives. Ainsi, de nombreux chercheurs ont remarqué que plusieurs notions de base du vocabulaire confucianiste ont pris des sens différents au Japon. Le concept de « voie », semble-t-il, a plus souvent désigné un système objectif qu'une illumination spirituelle ; le « ciel » a été conçu comme une instance extérieure plutôt que comme une dimension pénétrant toute chose, jusqu'au « cœur » des humains ; la « raison des choses » n'était pas forcément associée à la nature humaine ; la notion clé en Chine de « culture morale » (*xiuyang, shûshin*) faisait l'objet de moins d'attention, etc. Ces différences, nous nous contentons de les mentionner pour concentrer notre attention sur d'autres divergences, davantage liées aux pratiques.

L'amour des formes

Surtout quand ils sont tenus par des penseurs issus de la classe des guerriers, les discours japonais mettent souvent l'accent sur les formes ou les apparences des attitudes et des comportements. En voici deux exemples :

L'idée que la distribution des biens dans la société doit entièrement s'effectuer en fonction de la structure sociale préexistante est courante dans les sociétés de statuts : on considèrera qu'un homme doit porter tel vêtement, qu'il doit manger telle nourriture, absorber telle boisson, habiter tel genre de maison, disposer de tels meubles, se transporter de telle manière, avoir tel nombre de serviteurs, jouir de tels objets, non parce qu'il en a les moyens financiers acquis sur le marché, ni parce qu'il en a envie, mais simplement parce que ces objets expriment très exactement sa position dans la structure sociale.

Plusieurs auteurs japonais ont laissé sur ce sujet des exposés extraordinairement détaillés, fascinants parce qu'ils expriment l'angoisse des guerriers confrontés à une érosion progressive de leurs moyens d'existence et crispés de ce fait même sur les marques extérieures de leur supériorité.

Pour le plus illustre des penseurs politiques de l'époque, cette distribution des biens en fonction de la structure sociale est même le premier objet du système politique :

> *Fixer des degrés dans les vêtements, les maisons, les objets, dans les mariages, les funérailles, les échanges de correspondances et de cadeaux, la composition des escortes, tout ceci en fonction de la qualité des personnes, de leurs revenus et de l'importance des fonctions, cela s'appelle un système. […] Si la consommation est réglée en fonction des conditions sociales, chacun connaît la sienne.* (Ogyû Sorai.)

L'habit est sans conteste l'objet de consommation qui manifeste avec le plus de précision les distinctions sociales, jusque dans la vie quotidienne. Ogyû Sorai lui consacre de longues pages : les guerriers ne devraient pas porter de vêtements de chanvre, sans doute en souvenir du temps où ils étaient de condition paysanne ; le chanvre sera donc réservé aux conditions inférieures. « *Comme en toute chose, il faut d'abord définir les grandes lignes, puis voir les petites choses. Les citadins et les paysans doivent porter du chanvre et du coton. Les vieillards et les femmes peuvent porter le pongé de soie. Mais dans les cotons, il ne faut pas porter ces étoffes qui ne provoquent que de la confusion comme le santomejima, le* kanakin, *ou le* tômomen. » (PG, 341.) Pour pallier la malheureuse absence de distinctions adéquates dans le vêtement, l'auteur s'engage dans des discussions quelque peu inattendues dans un traité de politique, mais symptomatiques de son approche.

S'il est moins disert sur les modalités de répartition des autres biens de consommation, il n'en souligne pas moins que des dispositions analogues devraient être prises pour toutes les catégories de biens et de marchandises. Ce qu'il faut éviter à tout prix c'est une situation, que l'émergente économie de marché tend à encourager, où « *pour peu qu'ils aient de l'argent, les bourgeois puissent avoir les mêmes habits, les mêmes nourritures, les mêmes demeures, les mêmes objets que les grands feudataires.* » (PG, 328.) Lorsque, dans une situation de consommation libre, uniquement dépendante du pouvoir d'achat, l'ordre des distinctions sociales se défait, le monde tombe dans l'anarchie.

Dans la société dont rêve cet auteur, l'économie, entendue comme la distribution et la répartition des biens dans la population, est fonction de la structure sociale, non des moyens, ou des efforts, des mérites ou du succès.

Une autre expression de ce souci des formes se rencontre dans certaines approches de la régulation des comportements. De nombreux auteurs, dans l'esprit du néoconfucianisme, prônaient une sorte d'ascèse de tous les moments pour purger l'esprit (l'intériorité) de toute mauvaise pensée. Surveiller les comportements extérieurs ne suffit pas ; il convient aussi de contrôler les pensées intimes et les rêves secrets. Des désirs non encore formulés se trouvent parfois à la source de grands crimes (Yamasaki Anzai). Ces penseurs imposèrent une discipline de la surveillance dans l'intimité (*shindoku*), même pour qui se trouve à l'abri des regards. D'autres mirent en évidence la « vertu cachée » ou « vertu de l'ombre » (*intoku*), qui ne craint jamais l'exposition de ses plus intimes secrets, puisqu'elle cherche le bien, fuit le mal et les désirs, même lorsqu'elle est assurée du secret (Kaibara Ekken).

Cependant, une position diamétralement opposée, de fait beaucoup plus originale, ne considérait que les gestes et comportements publics et ménageait aux sentiments du for intérieur la liberté d'un espace privé.

> *Pour la voie des sages, même si de mauvaises pensées apparaissent dans le cœur, pour autant que les règles et les rites soient respectés, que ces mauvaises pensées ne grandissent point et qu'aucun mal ne soit fait, on reste un homme de bien. De mauvaises pensées naissent dans le cœur, mais aucun délit n'est accompli. Celui qui, du fait de mauvaises pensées, enfreint les rites et les règles et commet quelque mauvaise action, celui-là est un homme de peu. Voir une belle femme et apprécier son charme dans son cœur, c'est là un sentiment tout humain. Mais se laisser aller à cette émotion, enfreindre les rites et les règles, et folâtrer oublieux de tout avec la femme d'un autre, voilà le fait d'un homme de peu. Respecter les rites et les règles et contrôler ses sentiments, ne pas s'amuser avec une femme qui ne serait pas sa femme, voilà le fait d'un homme de bien. Le bien et le mal viennent de ce que l'on a ou non pris des libertés avec cette femme. Il n'y a pas à censurer le fait que l'émotion soit apparue.* (Dazai Shundai.)

L'auteur de ces lignes est issu de la classe des guerriers. Il n'est pas nécessaire de recourir à la prétendue explication d'une « influence » des penseurs légistes, que Dazai Shundai a effectivement lus : cet accent mis sur les formes est un thème constant dans la société guerrière, obsédée par les apparences, les fictions, et toujours capable de fermer les yeux sur la réalité pour peu que les formes soient respectées. Cette anecdote est instructive : à un chef de village qui se plaignait que certains de ses administrés faisaient mine d'être vertueux dans l'espoir d'obtenir une récompense, un guerrier rétorqua : « *mais c'est très bien, c'est tout ce qu'il faut : prétendre.* »

Filialité ou loyauté

Si frappant soit-il, l'accent mis sur les formes, que ce soit pour distinguer les statuts ou pour identifier l'objet des jugements moraux (les états d'âme ou la conduite), ne relève pourtant que de ce que l'on peut appeler les tonalités particulières des discours confucianistes au Japon. Il ne constitue pas une théorie originale.

La division en statuts et la présence d'un ordre militaire eut cependant aussi un impact plus important, cette fois sur les conceptions de l'obéissance. Celles-ci prirent au Japon des orientations parfois si différentes que les spécialistes, oubliant la grande variété des positions énoncées sur ce problème, se sont souvent accordés pour dire que c'est en ce point que résidait la différence majeure entre les discours confucianistes tenus dans les deux pays.

Pour les *Entretiens*, la piété filiale (ch. : *xiao*, j. : *kô*) est l'obéissance fondamentale. Elle prévaut sur les loyautés (ch. : *zhong*, j. : *chû*) qu'on pourrait appeler « politiques », qui sont dues au seigneur, au prince, au roi ou à l'empereur. Les dirigeants de l'Empire du Milieu, sans doute, n'apprécièrent pas tous cette attitude. Et les auteurs légistes, pour leur part, mirent l'obéissance aux lois au-dessus de toute autre forme de soumission. Il n'empêche : pour le courant confucianiste en Chine, la piété filiale était l'obéissance fondamentale, celle sur laquelle reposait l'ordre social.

Cela ne signifie pas que les relations entre les deux types d'obéissance étaient nécessairement conçues en termes de conflit. Les auteurs chinois pouvaient fort bien imaginer des cas de tensions entre l'obéissance due au père et celle due à l'empereur. Cependant, comme Confucius, la plupart pensaient que l'obéissance au père, étant au fondement du respect de l'ordre, assurait au souverain des sujets dociles.

Dans les représentations de l'ordre politique existait donc une forte continuité, depuis la famille du plus humble de ses sujets jusqu'à l'empereur. La même logique fondée sur une vertu individuelle traversait tout l'ordre politique. De fait, les ministres, quelle que fût leur importance, devaient se retirer des affaires pour observer le deuil après le décès d'un parent. L'objet ultime de l'obéissance politique, l'empereur lui-même, censé gouverner seulement par l'exemple de sa vertu, devait donner l'exemple de la parfaite loyauté filiale. « *Qui s'est perfectionné lui-même peut mettre en ordre sa famille, qui peut mettre en ordre sa famille peut mettre en ordre le pays, qui peut mettre en ordre le pays peut mettre en ordre le monde* », lit-on dans la *Grande Étude*, classique du confucianisme.

Au Japon, les guerriers, qui dominaient la structure politique, ne cachaient pas, et ne pouvaient d'ailleurs cacher, qu'ils avaient accédé au pouvoir et qu'ils le conservaient par la seule force des armes, non du fait de leurs vertus et de leur piété filiale. Il leur fallait donc poser le problème de l'obéissance en des termes différents. Hors quelques situations particulières, rencontrées à l'intérieur des clans guerriers, lorsque les vassaux étaient liés à leur maître par les liens du sang, la scission entre le domaine naturel par excellence de la famille et la puissance politique autoritairement accaparée par les guerriers était telle que l'obéissance due aux parents (*kô*) et celle due au seigneur (*chû*) n'étaient pas mutuellement assimilables. Un choix entre *kô*, la piété filiale, ou *chû*, la loyauté au maître du domaine était donc concevable, voire même parfois inévitable.

D'une certaine façon, ce conflit entre la piété filiale et la loyauté due à une instance politique était inscrit dans l'ordre politique japonais. Bien sûr, les conflits entre le père et le seigneur qui auraient forcé le guerrier à choisir, étaient rares. En termes confucianistes cependant, le service militaire, qui impliquait le danger de la guerre, était une marque de non-filialité : il exposait les fils à la mort, et donc à l'impossibilité de veiller sur leurs parents dans leur vieillesse et de leur rendre les rites après la mort. Les classiques confucianistes allaient jusqu'à déconseiller les voyages aux fils dont les parents vivaient encore. Là se révèle la profonde incompatibilité entre le mode de vie de la classe dominante japonaise et la vertu de base du confucianisme : qui s'expose délibérément aux dangers ne saurait être un bon fils.

S'appuyant sur ce fait, beaucoup d'observateurs ont considéré que la grande différence entre les confucianismes chinois et japonais résidait dans cette opposition entre deux conceptions de l'obéissance : l'une, due au maître, aurait été prioritaire sur l'archipel ; l'autre, due au père, l'aurait été sur le continent.

En fait, ce conflit potentiel fut au Japon source de positions très diverses ; la conscience de la tension et la nécessité de la traiter avaient ouvert une boîte de Pandore. Les situations individuelles, les conflits d'intérêt, les tensions avec d'autres impératifs et normes étaient trop complexes pour que ne s'exprimât pas une grande variété de points de vue, plus caractéristique encore que l'accent sur la loyauté au seigneur. Certains reprenaient des vues déjà émises en Chine ; d'autres innovaient : ils accordaient à la loyauté politique une indiscutable prééminence, ou, à l'inverse, rejetaient l'idée même d'obéissance. On va le voir brièvement.

Les valeurs rivales : honneur et bien public

L'idéal confucianiste hissant la piété filiale au rang d'obéissance fondamentale avait en fait ses soutiens. Muro Kyûsô, figure très importante, proche du gouvernement militaire, affirmait qu'un homme ne devrait jamais trahir ses parents même s'ils ont agi contre les ordres ou les lois de leur seigneur. Mais il est vrai que de nombreux auteurs, au contraire, proclamaient que la loyauté du guerrier, et, plus largement, de tout Japonais, était avant tout due à une autorité politique entendue de manière large, c'est-à-dire « extra-familiale » : celle du seigneur (*daimyô*) ou du gouvernement (*bakufu*) et de son chef, le généralissime (shôgun).

Mais cette dernière attitude est loin d'être monolithique ; en fait, elle éclate aussitôt en une multitude de positions. S'opposent d'abord différentes explications et interprétations originales de la relation entre les deux formes d'obéissance, politique ou familiale, et de la priorité donnée à la première. Certains affirment qu'elle résulte de la volonté des parents, ou de ce que la piété filiale bien comprise exige ; la loyauté au maître politique devient en conséquence obéissance aux parents : voilà élégamment écartée toute possibilité de conflit avec le discours du confucianisme. D'autres prétendent que la loyauté due à l'autorité politique est au fond la seule vertu, qu'elle suffit pour les remplacer toutes, puisque le subordonné s'en remet totalement à son maître. Yamazaki Anzai, pour sa part, déclare qu'il ne saurait exister de mauvais maître ou de mauvais père. Visiblement, il suppose qu'il n'existe qu'une manière d'être juste et bon ; il exclut donc toute possibilité de conflit entre la soumission au père et celle au maître politique.

L'objet de la loyauté politique fait ensuite l'objet d'interprétations différentes : d'un côté, une loyauté encore très personnelle au seigneur (*daimyô*) dont le guerrier, voire le roturier, dépend directement ; de l'autre une loyauté plus strictement politique due au shôgun, et plus tard, dans un discours qui mélange des notions empruntées au *shintô* et au confucianisme, à l'empereur.

L'écart entre les deux objets, seigneur féodal et gouvernement militaire du *bakufu*, subsista jusqu'au bout, mais la différence de nature qui les séparait s'estompa de façon considérable au cours de la période des Tokugawa, au fur et à mesure que l'autorité des daimyô sur leurs guerriers et leurs sujets devenait plus anonyme et bureaucratique.

Le plus célèbre parmi les multiples « récits de loyauté » illustre parfaitement le conflit : quarante-sept « vassaux loyaux » entrèrent dans la légende pour avoir vengé leur seigneur en assassinant l'homme qui se trouvait à l'origine de sa perte ; ils furent condamnés à mort par le shôgun pour avoir enfreint ses ordres (il avait lui-même ordonné à leur seigneur de se suicider car, pour des raisons qui restent obscures, il avait attaqué un autre *daimyô*). Un long débat parmi les érudits confucianistes s'engagea afin de déterminer s'ils avaient eu tort ou raison, et à qui ils devaient destiner leur loyauté.

Enfin la notion de loyauté politique ou extra-familiale, fondée sur des liens personnels envers le seigneur local ou sur la relation indirecte avec le généralissime et le gouvernement, se trouvait menacée, non seulement par la loyauté filiale, mais par des notions rivales que le discours confucianiste avait bien des difficultés à intégrer.

L'honneur martial des guerriers, acquis par la démonstration de courage et de faits de guerre (*na*), est la première de ces notions. C'était une valeur inconnue dans le discours confucianiste orthodoxe pour lequel la vertu intérieure, et sans doute invisible, importait bien plus que la réputation. Mais pour les samurais c'était le capital par excellence – capital symbolique - qui se trouvait converti en capital politique et économique sous forme de dotation de terres et d'hommes. Certes, la *pax tokugawa* mua les guerriers en bureaucrates dociles, privés de toute possibilité d'accumuler l'honneur. Seule opportunité offerte, souvent saisie : les querelles privées, les duels et les vendettas. La protection de l'honneur dans la poursuite de ces querelles pouvait parfois prendre l'aspect d'une forme de loyauté, du fait que la honte d'un guerrier humilié était réfléchie sur son maître. Mais la plupart du temps, les guerriers engagés dans les querelles privées, sévèrement interdites, mettaient en danger leur seigneur. Ils montraient au gouvernement qu'il était incapable de contenir ses gens. L'honneur, dans ces nouvelles circonstances, allait à l'encontre de la loyauté.

Finalement la seule manière de manifester les vertus martiales, d'accumuler l'honneur, résidait dans le suicide rituel par éventration (le *seppuku*, que nous désignons de son nom vulgaire *hara-kiri*), promu nouveau capital symbolique, mais bientôt, lui aussi, soumis à autorisation préalable !

Cependant, comment les guerriers auraient-ils pu oublier cet honneur acquis uniquement par des faits de guerre ? Il était seul capable de justifier leur identité et leur existence. Certains tentaient de le glisser dans un discours pseudo-confucianiste, sous la forme d'une invocation alliant « honneur et loyauté » (*na-chû*), plus rhétorique que réaliste, de toute façon très instable, ou en redéfinissant, d'une manière qui ne devait pas convaincre grand monde, l'honneur martial en tant que réputation acquise dans l'exercice paisible de l'administration civile.

Plus encore que l'honneur, la notion du bien public (*kokueki*) pouvait se mettre sur la route de la loyauté politique. Faire entrer la notion de bien public dans le discours n'avait rien de révolutionnaire – souvenons-nous des utilitaristes chinois cités plus haut. De fait, chaque fois qu'ils justifiaient leur pouvoir, les seigneurs féodaux invoquaient le bien public. Ils disaient n'être là que parce qu'ils assuraient la paix et le bien collectif, en l'occurrence celui de la population dont ils avaient la responsabilité. Mais alors que faire lorsque le maître suivait une politique stupide et dangereuse ou négligeait les affaires publiques ? Des discussions épineuses surgissaient qui manifestaient une grande variété de points de vue, parfois surprenants. La relative complexité de la structure du pouvoir au Japon – familial, féodal et bureaucratique – semble avoir favorisé cet éclatement.

Les uns recommandent de tout accepter et de se soumettre entièrement. D'autres prétendent qu'il faut abandonner le service d'un maître vicieux ou prendre sa décision en fonction des avantages reçus. D'autres encore expriment leur conviction que le devoir conduit, au prix de sa vie, à expliquer à son maître que son action est mauvaise. Certains, enfin, prétendent que le bien public justifie qu'on se débarrasse d'un tel maître. De fait, pour beaucoup de confucianistes, pas pour tous certainement, un maître vicieux n'est plus un maître et son renversement n'est pas injustifiable.

Cet argument, présent chez Mencius, fut poussé à ses extrémités par certains au Japon. Mais si un subordonné choisit la rébellion, c'est qu'il pense savoir mieux que son maître ce que le bien de tous demande ; son jugement sur le bien collectif l'emporte sur toutes les vertus, à commencer par l'obéissance. C'est bien pourquoi la thèse de Mencius mit beaucoup de ses successeurs mal à l'aise. Quelques-uns pourtant le suivirent. Ogyû Sorai, géant de la pensée politique de l'époque, assurait que toute obéissance absolue et inconditionnelle au maître est absolument répugnante et révélait « *une morale de concubine* » ! L'un de ses élèves, Kaiho Seiryô, alla plus loin et subordonna toutes les vertus, à commencer par les divers visages de l'obéissance, au jugement critique et à la reconnaissance de l'intérêt général ou particulier.

La conscience du caractère insoluble des loyautés

Cette dernière position mise à part, la plus originale est celle qui admet que le problème de l'obéissance due à des personnes différentes se heurte à une sorte d'insolubilité radicale et tragique. De fait, même dans une société comparativement aussi simple que celle des Tokugawa, les relations étaient trop complexes pour être harmonieusement comprises et expliquées par le schéma des trois relations, comme le suggérait pourtant le slogan populaire : « *Fils filial, femme fidèle, serviteur loyal* » (*kôshi, seppu, bokushin*).

Une anecdote, extraite des éloges des conduites filiales compilées à l'initiative des autorités, rapporte le cas d'un enfant qui reçut de sa mère la recommandation de mettre des sandales légères (*zôri*) parce qu'il allait faire beau, et de son père le conseil de mettre des socques de bois (*geta*), parce qu'il allait pleuvoir : il mit une sandale au pied gauche et une socque au pied droit. Malheureusement il n'était pas toujours possible de régler si élégamment le problème des loyautés divisées !

Cette question est considérée comme insoluble dans les mémoires du seul érudit confucianiste qui joua un rôle politique de premier plan en tant que conseiller d'un shôgun, Arai Hakuseki : à ses yeux, il est impossible d'assigner un ordre de priorité parmi les trois objets de la loyauté : « *les trois relations de base sont celles entre le prince et ses sujets, entre les parents et leurs enfants, et entre le mari et sa femme. Dans ces relations, le seigneur, le parent et le mari doivent être également respectés.* »

La réticence à assigner des priorités peut avoir un coût. Le même auteur nous conte l'histoire d'une jeune paysanne qui, inquiète de la disparition de son mari, avait alerté les autorités. Ce faisant, elle les laissa, bien involontairement, découvrir que c'était son père qui avait assassiné son mari. Elle avait été loyale à son mari en faisant son devoir d'épouse, mais avait trahi son père. Notre auteur commente alors froidement que, prise entre deux loyautés, une femme de samurai aurait commis le suicide rituel.

Bien entendu, on trouve en Chine aussi des cas de loyautés divisées qui ne purent être tranchées que par le suicide, mais, dans la société gouvernée par les *bushi*, le *seppuku* avait une portée symbolique particulière.

On voit ainsi que plusieurs positions assez originales émergent de réflexions si diverses sur les directions et les conditions de l'obéissance dans des structures de pouvoir si peu confucianistes. Certains auteurs se dispensent du concept de piété filiale en faisant passer toutes les vertus sous une loyauté absolue à une autorité politique ; d'autres introduisent dans la réflexion morale sur l'obéissance des notions rivales, parfois non- confucianistes, telles la réputation ou l'honneur, parfois, au contraire, compatibles avec lui, tel le bien public, mais qui toutes peuvent amener des penseurs à rejeter le concept d'obéissance et à le considérer comme tout juste bon pour les concubines ; il en est enfin qui soulignent le caractère insoluble des obéissances divisées en y ajoutant une touche tragique, probablement elle aussi étrangère à l'inspiration confucianiste.

Plus tard, bien après la période ici considérée, apparut un nouvel objet de loyauté en la personne de l'empereur. Il inspira une dévotion presque fanatique, elle aussi peu confucianiste que possible, puisqu'elle consiste en une dévotion purement personnelle à un demi-dieu dont les qualités morales, sans cesse vantées par les chantres du *shintô* impérialiste, ne sont en rien pertinentes.

Ces remarques montrent bien que les représentations des conduites des Japonais de l'époque Tokugawa n'étaient pas réglées par un discours unique et hégémonique. Dans les multiples discours confucianistes qui s'attachaient à expliquer les conduites, à les rendre signifiantes, les mots « piété filiale » ou « loyauté » prenaient des significations et des valeurs différentes parce qu'elles répondaient à des soucis différents : des convictions morales (fort diverses) parfois, mais aussi des émotions comme l'amour, le respect, des pressions sociales ou des stratégies égoïstes. Après tout, même pour ce qui nous concerne, les jugements moraux ne sont-ils pas élaborés au cas par cas, à travers un long processus de justification, de rationalisation, que nous maîtrisons fort mal ?

Justifier le monde

Les tonalités et positions théoriques jusqu'ici relevées – le souci des formes, les débats sur l'orientation de l'obéissance – s'expliquent largement par l'existence du statut des guerriers, caractéristique de la société japonaise sous les Tokugawa. D'autres relèvent de facteurs très différents. Elles sont tout aussi remarquables, même si elles ne semblent pas, initialement au moins, avoir la moindre incidence sur les attitudes et modes de comportement : ce sont les modes de justification des normes morales et politiques.

Il aurait été possible d'affirmer simplement les normes sans se préoccuper de les justifier, ou de les justifier de manière purement pragmatique, en disant, par exemple, que si les gens ne s'insèrent dans les trois ou cinq relations, s'ils n'assument ni les rôles particuliers ni les distributions de biens spécifiques qu'elles supposent, l'ordre social s'effondrera, le chaos surviendra, etc. Certains ont pris ce chemin. En témoignent, fût-ce indirectement, de nombreuses descriptions d'un état de nature imaginaire situé au moment où les sages n'avaient pas encore présenté aux humains, « *qui connaissaient leur mère, mais pas leur père* », les normes des trois ou des cinq relations. Cependant, de nombreux auteurs tentèrent d'élaborer des justifications plus compliquées ; leurs chemins se séparent à ce point. Nous allons en suivre quelques - uns.

Souvenons-nous d'abord de la métaphysique de la raison des choses et de la matière développée par les penseurs de la dynastie Song. Les promoteurs du renouveau des études confucianistes au Japon diffusèrent ces théories – et ils y introduisirent souvent des nuances involontaires dues au fait qu'ils suivaient les exégètes chinois ou coréens des grands auteurs néo-confucianistes.

Cette métaphysique néo-confucianiste était composée de notions empruntées à un fameux manuel de divinations, le *Classique des Mutations*.

Mais elle les interprétait, elle les arrangeait de manière trop arbitraire pour échapper à la contestation. Itô Jinsai, grand adversaire des spéculations métaphysiques oiseuses s'interroge : « Qui donc a vu ce qui existait avant le ciel et la terre? Y a–t-il aucun témoignage de ce qui s'est passé ? » Il continue : « *Si nous ne pouvons pas dire que le ciel et la terre ont un début et une fin, nous ne pouvons pas davantage affirmer qu'il n'y a ni début ni fin, ou qu'il y a un début et une fin.* »

Cet auteur est l'une des grandes figures d'un mouvement auquel on peut rattacher plusieurs des plus importants penseurs confucianistes de la période Tokugawa. Les spécialistes le nomment aujourd'hui Études anciennes (*kogaku*). Ses représentants rejettent, parfois de manière très virulente, les spéculations des commentaires néo-confucianistes pour revenir aux écrits de Confucius et de Mencius. De ce fait, ils ne pouvaient éviter de retrouver le problème qui avait motivé, en partie au moins, l'entreprise néo-confucianiste, et qui nous intéresse maintenant : la justification des vertus. Ils y ont donc apporté des réponses très diverses. D'aucuns préfèrent se replier sur une position sans originalité aucune : la bonne nature humaine de Mencius. Itô Jinsai choisit cette réponse : il souligne la bonté inhérente des humains et affirme qu'ils portent en eux-mêmes le dessin de la communauté idéale :

> *C'est parce que la nature est bonne qu'on peut connaître clairement la voie et recevoir l'éducation. [...] Les hommes se réjouissent en percevant le bien, et détestent le mal quand ils le voient. [...] C'est aussi le cas d'un bandit dénué du sentiment de compassion* (omoiyari) : *tous les hommes sont semblables. [...] Les sages sont partis du sentiment que les hommes partagent tous un même cœur, et ils n'ont rien imposé aux hommes.*

Il n'en conclut pas moins, comme Mencius, que certains « humains » ne sont pas humains:

> *Qu'est ce que la raison des choses / le principe de la voie* (dôri)*? C'est l'humanité, la justice, la ritualité et la connaissance. L'homme vit à l'intérieur de ce cercle de la raison de la voie. [...] S'il s'en sépare, ce n'est plus un homme.*

D'autres auteurs cependant prennent une position résolument fataliste, qui, aux yeux de quelques spécialistes semble rendre compte d'une nuance typiquement japonaise :

> *Que, bien qu'ils soient tous humains, certains servent un maître, le vénèrent et lui offrent leurs biens et leur vie, cela ne vient pas des talents des uns et des autres, cela dépend simplement du décret du ciel* (tenmei). *Voilà pourquoi la constitution des relations entre supérieurs et inférieurs, entre maîtres et serviteurs, n'a rien à voir avec les degrés dans les talents, l'intelligence, le courage, ou les vertus. Le maître est né dans une famille depuis très longtemps fortunée et honorée. Le serviteur est né dans une famille de rang médiocre et de faibles revenus. Du fait de ces différences, et puisque c'est nécessairement que l'un devient le maître et les autres les serviteurs, comment ne serait-ce pas là le décret du ciel ?* (Yamaga Sokô)

Ogyû Sorai, lui, propose une réponse beaucoup plus audacieuse : la voie confucianiste, dit-il, n'est fondée ni dans l'ordre naturel des choses, ni dans la nature humaine. Sans doute sa position reflète-t-elle à la fois une nouvelle vue du monde naturel, une conscience de la difficulté de le sonder rigoureusement, une volonté de se démarquer de ses opposants et une nouvelle sensibilité à la dimension conventionnelle de la vie. Toujours est-il que pour lui les normes de la voie sont de simples inventions, des mécanismes *artificiels* créés de toute pièce par des sages législateurs, « *sans précédents, ni modèles* ». Mais bien qu'artificielles, ces inventions sont absolument valides. Les législateurs ont poursuivi l'objectif d'établir une communauté humaine solide, une répartition stable des rôles, des devoirs, des richesses à chacun, et leur succès garantit la validité des normes qu'ils ont établies.

> *La Voie des Anciens Rois est celle que ces Anciens Rois ont créée. Ce n›est pas la Voie naturelle du Ciel et de la Terre. Les Anciens Rois, dotés des vertus d›intelligence et de perspicacité, avaient pour vocation de gouverner le monde. Leur seule idée fut d›assurer la paix et la stabilité au monde. Epuisant leur énergie et leur force, allant au bout de leur savoir et de leur habilité, ils ont créé la Voie. Ils ont fait en sorte que les gens des époques ultérieures l›empruntent et la suivent. Comment serait-ce la Voie que possèderaient naturellement le Ciel et la Terre* ? (Ogyû Sorai.)

Pour construire la voie, il faut certes prendre en compte tous les matériaux que fournit le monde naturel : les circonstances et les ressources matérielles de la vie, ici ou là, mais également les hommes en tant qu'êtres naturels, avec leurs caractéristiques variées, car ils sont la première composante des communautés. De la même façon, le menuisier doit prendre en compte les caractéristiques des différents bois qu'il travaille. Du bois de tel arbre il fera des meubles ; de celui de tel autre il fera des poutres ; d'un autre encore des bols ou des boîtes. Les matériaux du monde naturel se prêtent chacun, en fonction de leurs caractéristiques propres, à des usages différents ; nous ne pouvons donc pas faire n'importe quoi avec eux. Le monde naturel nous impose des contraintes, il faut l'admettre. Cependant ces contraintes sont matérielles et non pas normatives : elles ne nous disent pas ce qu'il *faut* faire – pas davantage qu'un bois qui se prête mieux à la fabrication des meubles qu'à celles des arcs ne nous dit que nous *devons* l'utiliser pour faire des meubles. La loi de la gravité présente certains inconvénients pour qui veut la défier, mais elle ne nous dit pas qu'il est *mal* ou *interdit* de sauter du quatrième étage.

> *Si l'on prend du bois pour en faire une résidence, on le fait en fonction de la nature du bois. Comment cependant, la résidence pourrait-elle être la nature du bois ?*

L'opposition entre l'artifice des normes, créées par de sages législateurs, et le monde de la nature, incapable de nous dire ce que nous devons faire, est portée à l'extrême. Les valeurs s'appliquant aux humains sont tout entières contenues dans la voie ouverte par les anciens sages, jamais dans le monde naturel. Voilà pourquoi les choses affirmées dans la voie se révèlent parfois fausses dans le monde naturel, sans que nous ayons pour cela une raison de choisir le monde naturel plus que la voie. Ces choses sont fausses, mais valides.

> *Même si la voie des dieux (shintô) n'était qu'une illusion, il nous faudrait toujours vénérer les dieux.*

Le fossé béant qui apparaît entre ce qui appartient à la voie ouverte par les sages (en l'occurrence, les dieux comme cultes), et ce qui est dans la nature, ou n'y est pas, en dehors de la voie, (en ce cas l'absence des dieux) est confirmé lorsque, inversant le raisonnement, Ogyû Sorai remarque à propos de la réincarnation des esprits :

S'agissant d'une chose qui n'existe pas dans l'enseignement des sages – disons la métempsychose –, même si une telle chose existait vraiment, je pense que cela ne signifierait rien du tout.

Ogyû Sorai nous apporte là une première illustration de l'utilisation du discours confucianiste comme un simple vocabulaire. La plupart des auteurs étaient restés fidèles à un schéma naturaliste qui justifiait les prescriptions morales en affirmant qu'elles faisaient partie de l'ordre naturel des choses, du cosmos ou de la nature humaine, de la réalité. Mais Ogyû Sorai montre qu'on peut utiliser ce même vocabulaire pour prendre des positions radicalement opposées, et même, beaucoup l'ont dit, étrangement « modernes ». Nous reviendrons sur ce point plus loin.

Si abstraites que paraissent ces controverses sur la façon de justifier les normes, elles ont parfois un impact pratique important : ceux qui, à l'instar du penseur dont nous venons d'analyser le positivisme, considèrent que les normes sont des inventions, seront beaucoup plus disponibles pour adapter et modifier les normes en fonction des circonstances que ceux qui croient qu'elles font partie de l'ordre naturel des choses.

Les dieux et les esprits

Liée à la précédente, la question de la justification de l'existence des dieux et des esprits qui auraient pu fournir une explication différente des normes de la voie, a inspiré des positions tout aussi hétéroclites, et parfois singulières. Citons les tentatives pour fusionner *shintô* et confucianisme ; les dénonciations virulentes (en raison, justement, de l'extension prise par le *shintô*) de toutes croyances dans les dieux et les esprits ; ou encore les réductions des dieux et esprits à des outils créés par les hommes pour assurer l'ordre social.

Le discours confucianiste n'a pas intrinsèquement une dimension religieuse. Quand elle est présente celle-ci est uniquement le fait des tempéraments individuels. Elle peut donc prendre des formes assez différentes. Parfois c'est une conception anthropomorphique qui est avancée, comme chez Hirose Tansô :

> *Les sages de l'Antiquité levèrent les yeux vers le ciel, et se penchèrent* [vers la terre] ; *ils examinèrent la raison des choses dans l'univers ; ainsi comprirent-ils qu'un maître existe dans le ciel bleu. Ils le vénérèrent. Ils l'appelèrent l'Être suprême. Cela de la même manière qu'un souverain qui réside parmi les humains. Ce que le ciel décrète est appelé le mandat* (ch. ming ; j. mei*), de la même manière que les rois sur terre ont leurs commandements. [...] S'il n'y a pas de maître dans une maison, elle tombe dans l'anarchie. S'il n'y a pas de prince dans un pays, il périt. Pour ce qui est de l'étendue de l'univers et de la multitude des choses, s'il n'y avait pas de maître* (shusai), *comment cela pourrait-il durer et perdurer au long des millions d'années ?*

Notons que cet auteur est parfaitement conscient que son interprétation se situe à contre-courant des vues plus communes du ciel ; il s'attaque aux nombreux sceptiques qui :

> *... ne croient pas à la voie du ciel. Ils pensent que le ciel, c'est seulement la voûte bleue, que c'est simplement d'elles-mêmes que les choses naissent et meurent, et d'elles-mêmes qu'elles vivent longtemps ou disparaissent vite. Pour ce qui est de l'Être suprême, [ils pensent même que] les sages ne le connaissaient pas, et qu'ils s'en servirent comme d'une technique pour mener la population.*

Cependant la sensibilité religieuse ne prend pas forcément la forme d'une croyance dans des entités supranaturelles :

> *À bien y penser, le bonheur que nous avons d'avoir reçu les bienfaits infinis du ciel et de la terre et d'être nés humains, comment pourrais-je jamais, moi qui suis sans talents en rendre – fût-ce au terme de vies infinies – la plus infime partie ?* (Kaibara Ekken.)

Du point de vue du confucianisme orthodoxe, les thèses les plus originales parmi les diverses sensibilités religieuses sont celles qui prônent la fusion entre *shintô* et confucianisme. Paradoxalement, leurs auteurs se présentent comme néo-confucianistes. Ils peuvent établir des correspondances entre les déités *shintô* et les vertus confucianistes, ou introduire le concept de raison des choses dans la mythologie *shintô* ; dans d'autres cas, ils ne se préoccupent même pas de chercher une cohérence.

Aux antipodes de ces diverses thèses religieuses, Yamagata Bantô est le plus éloquent porte-parole d'une critique radicale de toute croyance en quelque divinité que ce soit et de toute spiritualité. Cette sensibilité purement séculière pourchasse superstitions et croyances dans les divinités avec l'enthousiasme des Lumières, et utilise pour mener ce combat l'exemple des méthodes scientifiques européennes fondées sur des protocoles d'expérience.

Tout au long de son œuvre, avec une minutie souvent éprouvante pour le lecteur, Yamagata Bantô s'emploie à repérer les contradictions et les silences qui lui semblent suggérer le caractère factice des dieux et des esprits invoqués par les bouddhistes, les érudits du shintô, les taoïstes ou les confucianistes. Il analyse avec force détails l'invraisemblance qui lui paraît inhérente aux multiples descriptions des dieux. Il relève les différences dans les innombrables comptes rendus de l'apparition du monde – les dieux étendent-ils leur pouvoir à un peuple particulier, qui les a élus, ou à l'humanité tout entière? Il raille le caractère anthropocentrique (irrespectueux, dit-il !) des élucubrations relatives aux divinités friandes de telle ou telle nourriture. Il souligne le caractère parfaitement hasardeux de l'existence humaine, où les bons ne sont pas récompensés et les mauvais ne sont pas punis : les arguments classiques de la littérature antireligieuse en Europe sont tous mobilisés dans cette critique des superstitions. Sa conclusion est que les dieux et les cultes n'existent que dans le monde des humains.

Il est enfin des auteurs qui affirment de manière assez machiavélique leurs convictions athéistes ou leur agnosticisme : les croyances religieuses, sont pour eux, un moyen de contrôler les masses. Cette thèse culmine dans l'œuvre de Kaiho Seiryô, penseur « confucianiste » le plus hétérodoxe de l'époque, que l'on considère comme confucianiste puisqu'il invoque régulièrement Confucius et Mencius.

Keiho Seiryô n'a pas la moindre fibre religieuse. Il explique que « *le ciel, c'est le nom qu'on utilise pour désigner cet espace vide en dehors de la terre.* » Il n'est pas vrai, poursuit-il, qu'il existe un seigneur du ciel qui, comme un prince aimant ses sujets, veillerait sur leur bien-être ou prêterait attention à leurs actes : « *Le seigneur céleste* (tentei, ch. tiandi)*, c'est la même chose que le principe naturel* [l'ordre de la nature]. *Le ciel est un endroit vide. Et il n'existe pas un seigneur de ce ciel.* » Il voit très bien en revanche le parti qui peut être tiré des croyances religieuses pour obtenir la docilité des masses. Ces croyances sont indispensables, pense-t-il, à la prospérité collective ; aussi fait-il et répète-t-il l'éloge de la religion comme moyen d'obtenir la docilité des gens.

> *Raconter des sornettes comme quoi* [si l'on] *offre de la bonne nourriture au ciel et à la terre, ils vont se réjouir et apporteront le bonheur, c'est vraiment une vue très superficielle du ciel et de la*

terre. Le ciel et la terre ne sont pas des humains. [...] Cependant c'est une méthode (hô) *pour que les gens puissent régler leur cœur par eux-mêmes, une méthode pour rendre simple le peuple, une technique pour faire craindre le ciel et la terre aux gens.*

« Les théories du bouddha sur [les concepts de] *causes et effets* (inga), *et* [les diverses représentations des enfers], *dans la mesure où elles incitent les gens à ne pas faire de mauvaises choses et à aller dans le droit chemin, sont en accord avec la raison des choses* (tenri). »

La contestation radicale : Kaiho Seiryô

Résumons ces positions singulières, et fréquemment opposées les unes aux autres, prises par des auteurs japonais se réclamant du confucianisme : sur la notion d'obéissance, la priorité donnée à l'obéissance due au seigneur, aussi bien que la dévaluation de la notion de loyauté ; sur la question de la moralité, un accent mis sur les formes extérieures du comportement ; sur le problème des croyances religieuses, une critique radicale des superstitions aussi bien que des fusions *shintô*-confucianisme ; sur la question de la justification, surtout, un « positivisme » radical qui affirme le caractère conventionnel des normes morales et politiques.

Aucune de ces thèses, répétons-le, ne représente une tendance générale du confucianisme japonais. Sur chacun de ces points, les auteurs partisans de positions plus conventionnelles sont aussi nombreux, s'ils ne le sont davantage. Mais elles montrent déjà la capacité des auteurs confucianistes japonais de s'écarter des chemins battus ; elles attestent aussi de la diversité des positions susceptibles de tomber sous l'ombrelle du confucianisme.

Précisons en outre qu'il est possible de trouver sur le continent quelques précédents pour la plupart de ces positions originales ; rappelons aussi que toutes les thèses caractérisées plus haut restent orthodoxes : elles acceptent ce noyau dur du discours confucianiste : la bonne société repose sur quelques relations de base intangibles, et dépend des vertus que les humains placés en ces relations savent démontrer.

Avec Kaiho Seiryô, en revanche, on atteint le point de rupture du « confucianisme ». Un auteur qui affirme que la recherche du gain est bonne, que les relations entre les hommes et les pays, sont, et doivent être des relations de compétition économique, qu'il y aura forcément gagnants et perdants, et qui va jusqu'à prétendre : « *pour ce qui est de la piété filiale, je ne sais pas trop ce que c'est* », cet auteur est-il encore « confucianiste » ?

Poser la question en ces termes, c'est mal la poser : si l'on part d'une définition du confucianisme, quelle que soit cette définition, on se condamne à ne pas voir ce qui se passe réellement dans le processus d'écriture des livres confucianistes. Kaiho Seiryô se réfère constamment à Confucius et à Mencius ; il se présente comme « érudit confucianiste » (*jusha*). Cela ne l'empêche pas de critiquer tous les autres *jusha*, simplement parce que, selon lui, ils ont mal compris l'enseignement véritable de Confucius. En d'autres termes, il confirme la thèse de ce livre : le discours du confucianisme, que l'on peut identifier par un *contenu*, un « noyau », est aussi, et au bout du compte surtout, un simple *vocabulaire* composé aux fins de penser la société, et en conséquence nécessairement interprété et utilisé de toutes sortes de manières.

Que nous dit Kaiho Seiryô ? Les humains ont des désirs : c'est ainsi. Leur nature l'impose. Voilà le fait intangible dont toute théorie doit partir. Mais quand ils ne réfléchissent pas et se laissent aller à leurs premiers désirs, les hommes vont droit à la catastrophe. Ils se heurtent à tout ce qu'ils ont ignoré : les désirs et la force des autres, la puissance publique, les réalités et les contraintes de la vie. Certaines vertus, cependant, comme la réflexion et la prudence, leur permettent de réaliser leurs désirs. Ces désirs passent avec succès l'examen de la prudence ; les humains doivent alors renoncer à certaines satisfactions immédiates, mais ils se trouvent finalement réalisés sur une plus grande échelle.

Voici les fameuses vertus confucianistes soudainement réduites au rang d'*instruments* : elles sont simplement des moyens de réaliser nos fins. Pourquoi la vertu du savoir, celle du travail, ou de l'épargne sont-elles à respecter, sinon parce qu'elles nous permettent de réaliser nos désirs, parce qu'elles nous montrent que des sacrifices sur le court terme sont en fait le moyen de réaliser plus solidement ces désirs ?

On devine que pareille approche aboutit à une conception quasi révolutionnaire de la communauté humaine. Effectivement, la théorie sociale de Kaiho Seiryô est étonnante. Elle est pourtant exprimée à l'aide d'un vocabulaire confucianiste parfaitement traditionnel puisqu'elle fait appel à la classique dichotomie entre deux voies – la « voie des rois » et la « voie des hégémons ». Pour la tradition, la première est le bon gouvernement des humains par les vertus ; la seconde, le gouvernement exécrable de la violence.

Lorsqu'il décrit la première, Kaiho Seiryô semble se conformer à cette interprétation classique. La voie des rois, nous dit-il, est un système de gouvernement par la vertu. Le roi est le plus vertueux des hommes. Il gouverne en montrant l'exemple de la vertu. Parce que les humains sont foncièrement bons, sa simple démonstration doit réveiller dans les humains, si vicieux soient-ils, le souvenir endormi de la vertu. Aussitôt ils prennent leur position – la voie des rois est une société de statuts – et se comportent en fonction de cette position.

L'économie de la voie des rois semble être une économie de dons où chacun offre ou se sert dans les biens que tous produisent en fonction de sa position. Cette voie se répand comme un feu de plaine dans le monde entier, puisque les humains sont tous susceptibles d'être convertis aux vertus. Cette démonstration se situe dans la droite ligne de la description faite par Mencius de la voie des rois.

Pour autant, remarque en substance Kaiho Seiryô, ce régime, pour exister, doit satisfaire des conditions de possibilité et de nécessité particulières. Et, parvenu à ce point, il commence insidieusement à renverser toutes les idées acceptées. Son argument est pétri de mauvaise foi, mais peu importe pour nous. Tout d'abord, il présente les *conditions de nécessité* de manière un peu paradoxale : quand, en dépit d'une nature foncièrement bonne, les gens se conduisent très mal, la voie des rois devient absolument nécessaire. Pourquoi ? Parce que, lorsque le monde est corrompu, quand chacun se bat contre chacun, la force est impuissante à rassembler les gens. Un parti n'est jamais assez fort pour surmonter les divisions qui apparaissent immédiatement. Dans de telles conditions, seul l'exemple de la vertu suprême peut ranimer un feu presqu'éteint et convaincre les gens de vivre vertueusement.

Cependant, pour qu'une chose soit, il ne lui suffit pas d'être nécessaire. Il lui faut aussi être possible. Et dans un monde aussi imparfait que le nôtre, bien des choses nécessaires sont impossibles. La *condition de possibilité* la plus évidente de la voie des rois est que, comme le veut la théorie, les gens soient foncièrement bons. S'ils le sont, et seulement s'ils le sont, alors deviennent possibles l'unification du monde par la vertu tout autant que l'instauration d'une économie de dons où les gens se servent en fonction de leur dû dans les richesses qu'ils produisent ensemble sans penser à leur récompense.

Kaiho Seiryô montre alors en substance que ni la condition de nécessité ni celle de possibilité ne sont réunies pour établir la voie des rois au Japon. La condition de nécessité n'est pas remplie : sur l'archipel, à son époque, les gens ne sont ni bons ni mauvais. Ils ne sont pas parfaitement vertueux sans doute, mais ne sont certainement pas vicieux au point de rendre la voie des rois nécessaire. La condition de possibilité n'est pas davantage satisfaite :

sans s'attaquer directement au dogme de la bonne nature humaine, mais sans non plus laisser d'illusion à ses lecteurs quant à son opinion sur ce point, Kaiho Seiryô remarque que le Japon contemporain est trop divisé, socialement et politiquement, pour que les gens acceptent de renoncer à leurs propriétés et à leurs prétentions. Il rejette ainsi résolument la possibilité d'une unification et celle d'une économie de dons mutuels sans égard pour les notions de propriété et de récompense.

Puisque la voie des rois n'est pas une option pour le Japon contemporain, Kaiho Seiryô se tourne vers l'autre option, celle de la voie des hégémons. Il avance alors ce qu'aucun confucianiste n'avait dit avant lui : aucune option n'est supérieure à l'autre ; ce sont seulement les circonstances qui imposent l'une ou l'autre.

La voie qu'il prône, celle des hégémons, est la première vision d'une société moderne jamais imaginée au Japon. Comme l'indique son nom, elle est exprimée à l'aide d'un vocabulaire et de concepts parfaitement confucianistes. Mencius et les penseurs confucianistes orthodoxes la considéraient comme un mauvais système ou, à tout le moins, un ordre étant malgré tout établi, une seconde option située loin derrière la voie des rois – c'était l'opinion de Xunzi. Pour eux, ce système est mauvais parce que l'ordre qu'il génère repose sur la force et la violence. Cette voie appelle une division du monde en pays dirigés par des chefs de guerre, en lutte permanente les uns contre les autres. Toutes les relations sont caractérisées par la compétition.

Mais les conditions dans lesquelles se développe la vie urbaine dans le Japon du XVIIIe siècle montrent bien à Kaiho Seiryô que la compétition n'est pas nécessairement militaire : elle peut être pacifique et économique. Réinterprétant donc la voie des hégémons il imagine un Japon divisé en domaines, qui engagent une compétition commerciale intense sous le contrôle du gouvernement militaire, garant du caractère pacifique de cette compétition. Pareille vision accorde certes une place au gouvernement et aux seigneurs *daimyô*, considérés comme le cadre général de la société, mais, à l'intérieur de ce cadre, l'auteur décrit un modèle où les distinctions de statuts, les rangs hérités ont disparu. Les relations entre producteurs et consommateurs, entre producteurs eux-mêmes, entre individus comme entre groupes sont des relations de compétition sur un marché où ils rivalisent d'ingéniosité et d'efforts pour produire et écouler ou se procurer biens et services ; en un mot, des relations où ils se servent les uns des autres : ce ne sont pas seulement les vertus qui sont des outils, mais les gens eux-mêmes. Dans leurs relations les seules distinctions sont celles qui séparent ceux qui réussissent et ceux qui échouent.

Kaiho Seiryô ne critique jamais ouvertement l'organisation féodale à la base même du Japon des Tokugawa : il est trop conscient des risques encourus. Il n'en rejette pas moins la succession héréditaire des titres, des charges, des soldes dans la classe des guerriers. Il propose une promotion au mérite et une échelle de salaire également fondée sur le mérite, un système général d'émulation et de récompense du travail réel. Les vertus alors disparaissent en tant que fins. Elles ne survivent que comme outils, puisque certaines d'entre elles, dans sa réinterprétation, favorisent le succès : l'intelligence, la fiabilité (*shin*). D'autres, il est vrai, semblent difficiles à réintroduire. La piété filiale s'efface derrière la raison des choses (*ri*) ré-imaginée pour signifier l'ordre non-moral du monde : si, par exemple, les parents ignorent la « raison des choses » – en d'autres termes, s'ils sont déraisonnables – c'est la raison qu'il faut suivre, non les désirs des parents, prétend Seiryô.

Voilà qui semble aux antipodes de tout ce que nous avons vu jusqu'ici. Pourtant, tous ces propos sont formulés dans les termes du vocabulaire confucianiste, à partir des classiques chinois constamment invoqués pour justifier le propos. Il suffit à Kaiho Seiryô de dire que les circonstances ont imposé à Confucius et à Mencius de défendre la voie des rois, comme elles imposent aux contemporains, et imposeraient à Confucius et à Mencius, s'ils vivaient dans le Japon du XVIIIe siècle, de choisir la voie des hégémons. Lui-même, leur plus fidèle élève, montre que le confucianisme, comme tout discours, est aussi un vocabulaire offert à l'interprétation, qui, parfois conduit au vertige.

Usages et rôles des confucianismes

Notre propos était de présenter le discours moral et politique du confucianisme au Japon dans son extraordinaire variété. Quelques mouvements, de moindre audace et d'intérêt plus faible, ont été écartés : les synthèses avec le bouddhisme et le *shintô*, notamment. Nous sommes partis d'un fond commun : une certaine vue de la société faite de relations de base qui décident de la répartition de la richesse et des comportements à adopter. L'énorme majorité des auteurs qui se réclament de Confucius et de ses successeurs déclarés manifestent leur préférence pour ce genre d'ordre stable, pour l'autorité de la tradition et des aînés. On peut en conséquence définir le confucianisme comme ce contenu moral et politique spécifique.

Cependant, poussant plus loin notre examen, nous avons montré que certains penseurs, parmi les plus importants et les plus talentueux, ont apporté des innovations théoriques qui vont à l'encontre de toutes les interprétations des classiques confucianistes qui les ont précédés. Ces auteurs montrent que le discours confucianiste est aussi un vocabulaire destiné à penser la société, qui pouvait permettre l'expression des positions les plus opposées.

Les penseurs politiques orientaux n'ont évidemment pas parcouru l'éventail des positions possibles : l'ensemble de leurs théories ne présente pas la diversité de celles que l'on trouve en Europe à l'époque où les derniers confucianistes écrivaient au Japon. Plusieurs raisons à cela : l'existence d'une bourgeoisie industrielle opposée à la classe féodale, l'absence de cités capables de développer des modèles politiques différents...

Le « confucianisme » n'était donc pas un carcan, un horizon, un ensemble contraignant de valeurs, empêchant ou entravant l'innovation. Si les auteurs étaient évidemment prisonniers de leur temps, comme l'est tout un chacun, les systèmes de pensée dont ils héritaient leur laissèrent finalement une certaine marge de manœuvre pour théoriser et se représenter leur époque.

Passons maintenant à l'une des questions introduites plus haut : les spéculations métaphysiques et les représentations théoriques de la société ne présentaient sans doute qu'un intérêt relatif aux yeux de la plupart de leurs contemporains, mais les discours moraux avaient peut-être plus de chance d'être entendus. Quel fut donc l'impact du « confucianisme » sur les mentalités, les habitudes de pensée et d'action, et les comportements des Japonais ?

Comme le préambule de cet essai le mentionne, les Japonais n'ont-ils pas le sens de la discipline, de l'abnégation, du sacrifice, des réseaux, de la collectivité, de l'étude ? Il est tentant de considérer que ces qualités résultent d'une culture, plus spécifiquement de la culture qui exprime ces traits plus que nulle autre : la culture confucianiste.

Certes. Pourtant existe-t-il vraiment une relation de cause à effet entre les discours analysés précédemment et les comportements ainsi constatés ? Force est de reconnaître que, si elle existe, cette relation reste invisible. Nous n'avons aucun moyen de scanner les cerveaux et de comprendre pourquoi les gens agissent comme ils le font. C'est sans doute trop rapidement que des relations de simple corrélation, des ressemblances et des parallélismes nous apparaissent comme des relations de causalité. Il faut en fait nous demander si, comme ce raisonnement l'implique, les idées mènent vraiment le monde.

L'acceptation du pouvoir des Tokugawa

Soulignons pour commencer que, en tout cas, ce n'est certainement pas parce qu'elles auraient pensé que les idées menaient le monde que les autorités du gouvernement militaire encouragèrent le confucianisme. L'idée assez courante selon laquelle le confucianisme aurait été une sorte d'idéologie hégémoniste, une propagande développée systématiquement par un pouvoir convaincu qu'elle lui permettrait de contrôler les comportements, relève d'un anachronisme.

Ce n'est pas seulement que les érudits confucianistes employés par les pouvoirs, central et régionaux, occupaient les fonctions d'archivistes, d'historiens, de scribes, de spécialistes du protocole, qu'ils étaient chargés des correspondances, de la rédaction de décrets avant d'être éducateurs moraux et propagandistes – même si les distinctions étaient nécessairement floues. Ce n'est pas seulement non plus que les écoles et les académies, soutenues par les pouvoirs central et régionaux, ne s'adressaient qu'à une minorité de gens.

Certes il existait aussi de nombreuses écoles privées dont les professeurs vivaient des participations de leurs élèves ; elles accueillaient qui pouvait apporter sa contribution. Souvent les professeurs privés se révélèrent les intellectuels les plus influents. Certaines académies privées se créèrent grâce au soutien financier de familles de marchands désireuses d'éduquer leurs enfants : éducation morale et éducation ordinaire se trouvèrent étroitement liées. Ces institutions pouvaient prendre avantage du fait que les taux d'alphabétisation qui firent l'émerveillement des voyageurs occidentaux au milieu du XIXe siècle étaient relativement élevés, en tout cas pour ce qui concerne la population masculine dans les centres urbains. Il reste que la proportion des Japonais qui passèrent par ces centres d'éducation dut rester relativement faible.

Ce qui doit nous inciter à considérer avec prudence cette conception du confucianisme comme idéologie toute-puissante ou hégémonique, au sens que Gramsci donne au terme - une idéologie acceptée même par ceux qui n'ont aucun intérêt matériel à la reprendre à leur compte – c'est qu'une telle conception est indûment influencée par le souvenir des discours totalitaires du XXe siècle. Les dictatures nazie, communistes ou fascistes, organisèrent bien cette propagande systématique, cohérente et omniprésente, orchestrée à toutes les étapes de l'existence, dans tous les lieux de la vie, que l'on retrouve aujourd'hui en Corée du Nord. Cependant ce genre de propagande requiert des conditions matérielles d'application, de surveillance, de contrôle dont l'époque Tokugawa ne disposait pas ; il réclame aussi et surtout une croyance dans l'importance du discours que ses dirigeants ne possédaient pas.

La censure, le contrôle des discours existaient effectivement sous leur gouvernement militaire, mais ils prenaient une forme très particulière : aucune politique générale, aucun programme explicite de censure n'existait. Les théories politiques abstraites pouvaient normalement s'exprimer sans contrainte ; à l'inverse, les discussions concrètes relatives à telle ou telle affaire politique, à tel ou tel incident impliquant le gouvernement et les fiefs des seigneurs étaient bannies. Ce qui était découragé avant tout c'était l'intérêt qu'aurait pu porter le peuple aux discussions politiques. Certains ont dit que c'était là une trace de l'influence confucianiste. C'est une explication parfaitement *ad hoc*, gratuite et fabriquée pour la circonstance. Point n'est besoin de faire appel au confucianisme ; la censure était bien là, comme elle est omniprésente dans ce genre de sociétés de statut, où la politique est le monopole d'un groupe. Les dirigeants Tokugawa n'avaient pas besoin du confucianisme pour sentir que leur gouvernement serait accepté tant que les gens du peuple tiendraient pour évident qu'il ne leur fallait pas se mêler de politique. Si chaque groupe social (Bourdaloue l'assurait) s'occupe de sa tâche naturelle – travailler les champs, porter les armes, administrer le pays – le monde vit en paix. Nous sommes bien loin de ce concept d'un soutien populaire massif orchestré et exigé par des régimes totalitaires qui se font une obligation d'expliquer inlassablement pourquoi telle ou telle politique est bonne.

En fait, le gouvernement des Tokugawa n'a manifesté, au début au moins, qu'un faible intérêt pour l'endoctrinement de la population. Il semble avoir compris que sa docilité ne s'obtenait pas par des sermons, des prêches, des injonctions, mais qu'elle était plutôt le fruit d'habitudes, de traditions.

Toujours est-il que le régime des Tokugawa ne fut pas menacé pas des mouvements de contestation populaire. Il y eut certes des révoltes populaires, dans les campagnes comme dans les villes, mais aucune n'avait un caractère politique : ce sont des problèmes économiques, des disettes ou des famines qui les avaient provoquées ; ces révoltes n'ont jamais débouché sur des mouvements de contestation politique.

Certains auteurs confucianistes ont d'ailleurs fort bien théorisé cette intuition ; ils ont souligné les limites de tout discours qui cherche à convaincre, et la capacité, en revanche, des rites à transformer les sentiments.

> *Même dans les cas où les sujets ne ressentent pas profondément dans leur cœur les sentiments de respect, lorsqu'ils portent les vêtements* [prescrits par les rituels], *lorsqu'ils mangent* [la nourriture rituelle], *et s'assoient à la place* [rituelle], *se pénètrent des mots [rituels] et font les choses* (koto), *alors le sentiment de respect prend spontanément forme. Lorsque la forme est complète, le cœur* [du rituel] *naît.* (Yamaga Sokô.)

Ces penseurs confucianistes ont-ils eu un pressentiment de même nature que celui d'un Pascal ou d'un Rousseau, qui, avec une formulation différente, établirent une distinction entre les *convictions*, c'est-à-dire les conclusions logiques d'un raisonnement, et la *persuasion*, qui vient avec l'habitude et les réflexes incorporés ? Les premières sont fragiles, toujours sujettes à révision et à critique. Parce que les raisonnements sont complexes, parce qu'ils s'appuient sur nombre de suppositions et mobilisent bien des facteurs, ils provoquent souvent la critique qu'ils voudraient réduire au silence.

La persuasion, en revanche, est soustraite par son incorporation physique au processus de la raison critique.

Ogyû Sorai, plusieurs fois mentionné, multiplie en tout cas les remarques allant dans ce sens ; il souligne que les mots s'offrent inévitablement au doute et à la critique. Argumenter et défendre une position, c'est déjà suggérer des alternatives et introduire le pluriel, qui sème immédiatement la confusion. En revanche les habitudes incorporées nous suggèrent une voie et une seule. C'est l'idée de Pascal : « *Pourquoi suit-on les anciennes lois et anciennes opinions ? Est-ce qu'elles sont les plus saines ? Non, mais elles sont* uniques, *et nous ôtent la racine de la diversité.* »

Bref, le gouvernement militaire promulgua bien des directives générales pour les paysans (*furegaki*), leur enjoignant la docilité et, surtout, la frugalité, mais il savait que le respect des coutumes, les habitudes ancestrales, l'expression spectaculaire du pouvoir, dans les défilés militaires qui parcouraient le pays, quand les seigneurs féodaux se rendaient à la capitale, dans les mausolées, les monuments, etc., faisaient plus que n'importe quel discours pour ancrer dans les esprits le caractère naturel, inévitable, voire souhaitable, de l'ordre des Tokugawa.

La faiblesse du soutien financier accordée au confucianisme confirme ces propos. Le gouvernement dépensa infiniment plus pour soutenir le bouddhisme et ses temples qu'il ne le fit en faveur du confucianisme. Son académie confucianiste ne fut officialisée qu'à partir de 1790, alors que le régime était installé depuis près de deux siècles, et elle ne représenta jamais qu'un poste budgétaire modeste. Alors seulement, le gouvernement parut manifester un certain intérêt pour la prédication et l'endoctrinement. Il soutint les activités de certains prêcheurs qui transformèrent en message moral simple les spéculations énoncées plus haut. Les exemples que nous connaissons montrent pourtant que ces actions n'étaient pas couronnées de succès, et que les politiques efficaces furent celles qui savaient, suivant les recommandations de

Seiryô, prendre en compte la vraie nature des gens. D'ailleurs, si la brutale diffusion du discours confucianiste dans les campagnes sous l'époque Tokugawa avait changé les comportements des gens, ne pouvons-nous pas imaginer qu'un observateur contemporain au moins l'aurait remarqué ?

Notons que la préférence intuitive pour des moyens non-discursifs qu'éprouvaient les dirigeants du régime des Tokugawa et de nombreux érudits afin de s'acquérir la docilité des masses a trouvé des théorisations au siècle dernier. Après tout, ce que Pierre Bourdieu appelle « habitus », n'est-ce pas ces schèmes d'action non- réfléchis, ces traditions, ces coutumes qui mettent en scène les rapports de pouvoir et qui, à force de répétition, donnent aux situations qu'elles établissent la force de l'évidence. Bourdieu explique ainsi leur efficacité :

> *Si toutes les sociétés [...] attachent un tel prix aux détails en apparence les plus insignifiants de la tenue, du maintien, des manières corporelles et verbales, c'est que, traitant le corps comme une mémoire, elles lui confient sous une forme abrégée et pratique, c'est-à-dire mnémotechnique, les principes fondamentaux de l'arbitraire culturel. Ce qui est ainsi incorporé se trouve placé hors des prises de la conscience, donc à l'abri de la transformation volontaire et délibérée.*

Jean Piaget, dans ses études sur la formation du jugement moral chez l'enfant, Norbert Elias, dans son histoire de l'évolution de l'étiquette et des manières, Louis Althusser, dans son analyses des *Appareils idéologiques d'État*, avaient tous des champs d'étude et des approches différentes, mais tous aussi ont souligné l'importance, dans l'apprentissage et la reproduction des valeurs, de l'incorporation des schèmes gestuels, des comportements répétés.

Écoutons leurs leçons : si nous voulons comprendre pourquoi les gens se comportent de telle ou telle manière, gardons-nous d'accepter trop vite les explications, les commentaires et les justifications offertes de ces comportements. Regardons plutôt dans quelles conditions et au travers de quels processus ces comportements sont incorporés.

Socialisation

Prenons un exemple. Les petits Japonais, aujourd'hui, n'entendent guère parler de Confucius et ne lisent pas les *Entretiens*. En revanche, la plupart d'entre eux (les pratiques varient selon les écoles) suivent un processus de socialisation qui, à bien des égards, est différent de celui que subissent les petits Européens et Américains. L'une des plus remarquables caractéristiques de ce système est l'omniprésence d'un thème : le petit groupe autogéré sous le contrôle ultime d'une autorité supérieure qui se manifeste pourtant le moins possible.

Selon le schéma classique, dans les écoles primaires, le petit groupe (*han*, *gurupu*) rassemble quatre ou cinq enfants dans une classe qui peut en comprendre une quarantaine. Chaque groupe est placé sous la direction d'un chef, qui change régulièrement. Ce groupe est chargé, par rotation, d'une tâche spécifique : nourrir l'animal de compagnie de la classe, tenir le journal, apporter les *bentô* à la pause de midi, nettoyer la salle de classe, etc. Le système est conçu pour encourager la pression latérale des pairs : toute défaillance individuelle peut devenir une défaillance collective et les membres du groupe ou leur chef sont les premiers à veiller à ce que chacun remplisse la tâche qui lui est confiée.

L'institutrice ou l'instituteur n'intervient que rarement. Les disputes physiques étaient même ignorées jusqu'à une période récente. Lorsque des enfants manquent à leur devoir, l'institutrice les désigne à l'attention collective, mais elle suggère, et ne juge pas. L'appel constant et délibéré au jugement des pairs, la menace de l'ostracisme et de l'humiliation publique, la douleur presque physique des corps mis à l'écart du groupe et offerts à la dérision, toutes ces raisons contribuent à *incorporer* la notion que le bonheur est dans le groupe et dans le respect des normes collectives, et que le malheur accompagne l'exclusion.

Le petit groupe évolue en principe de façon autonome. Il prend par la suite de nombreux aspects : on le retrouve au lycée (*bukatsu*), à l'université (*kurabu*), sur le lieu de travail dans la cellule groupe de base (*kakari*) où la division des tâches est peu poussée afin de favoriser l'interchangeabilité des membres. On pourrait même en découvrir l'existence dans la structure de l'industrie japonaise, au moins avant les refontes imposées par la crise et les pressions étrangères : dans tous les secteurs industriels se constituait un petit groupe composé de quatre à sept entreprises de premier rang, auxquels le ministère de tutelle laissait le soin d'appliquer et de surveiller le respect de nombreux codes internes.

Il est évident que, comme toute culture ou société complexe, la société japonaise ne dispose pas d'une clé unique ; il en est beaucoup qui en permettent l'accès. Le petit groupe offre une clé parmi d'autres. Mais on voit bien l'efficacité du système : humiliant et physiquement insupportable, l'ostracisme, mieux que n'importe quel discours, favorise la discipline collective, la méfiance devant les tentations d'isolationnisme, les affirmations d'autonomie individuelle, la volonté de s'intégrer au groupe,...

S'appuyant sur son étude devenue classique sur l'apprentissage du jeu de billes, Jean Piaget explique de manière identique l'efficacité d'un système fondé sur la pression des pairs. Les enfants intériorisent les normes – ce qu'il faut faire, ce qui interdit – de ce jeu pratiqué uniquement entre eux. Ce sont eux qui, tout en le pratiquant, en élaborent les règles, avec leurs camarades, leurs pairs. Des normes identiques, mais dictées par des adultes, remarque Piaget, ne sont pas respectées.

Expliquer ainsi certaines tendances bien connues du comportement des Japonais semble infiniment plus convaincant que toutes les invocations de la culture confucianiste. (On reviendra plus bas sur l'objection qui consiste à dire que ces pratiques corporelles sont le fruit du confucianisme.) Cette explication a le mérite de reposer sur une dimension différente de celle du phénomène qu'elle veut expliquer. Elle évite ainsi la circularité caractéristique des explications de la culture par la culture – si fréquente que quelques remarques s'imposent maintenant sur le sujet.

Les explications circulaires

Une affirmation comme : « les Japonais respectent l'autorité publique en raison de l'influence du confucianisme » peut être comprise de deux façons.

Première interprétation : on voit dans le concept de « confucianisme » un ensemble de *valeurs* ou de *croyances*, par exemple dans la priorité du groupe, le respect des anciens, ou celui de l'autorité publique. L'explication qui en découle est : « les Japonais respectent l'autorité publique parce qu'ils acceptent les normes confucianistes qui leur intiment de se comporter ainsi ». On doit pourtant se demander quelle peut bien être la valeur explicative d'une telle assertion. Son seul intérêt est qu'elle exclut d'autres explications possibles de l'obéissance à la puissance publique, comme la crainte ou l'intérêt. Cependant si nous acceptons, comme il semble raisonnable de le faire, que les comportements motivés par la crainte ou le respect sont cantonnés à des situations spécifiques (situations de danger ou stratégies économiques) et que la plupart du temps les gens ne suivent les normes ambiantes ni par crainte ni par calcul, cette explication tourne en rond. Elle constate simplement que les gens font ceci parce qu'ils pensent que ceci est convenable ; nous nous en serions doutés. La véritable question est de savoir pourquoi les gens pensent ainsi. Dire qu'ils sont sous influence est une autre façon de répéter l'affirmation. « Influence » est une de ces idées que nous utilisons constamment sans jamais savoir ce qu'elle veut dire : c'est une notion magique, une pseudo-explication. Pourquoi diable les gens sont-ils « sous influence » ?

La deuxième interprétation est sans doute la plus courante. Elle voit dans le confucianisme moins des valeurs ou des croyances que des *pratiques*. La circularité est encore plus claire ici. Dans cette interprétation nous disons que les Japonais sont collectivistes et disciplinés à cause de la culture confucianiste – mais cette culture consiste dans le fait d'être collectivistes et disciplinés. Nous disons en fait qu'ils sont confucianistes parce qu'ils sont confucianistes !

Parce qu'il ne contient rien de faux (encore que nous devrions expliquer tous les cas où ils ne sont pas collectivistes et disciplinés, et tout changement dans les mœurs qui semble exclu par définition), cette explication est généralement acceptée sans soulever la moindre objection. Elle n'explique rien, pourtant. Elle tourne en rond.

Expliquer ce que les gens font par leur culture – qui est la somme de ce qu'ils font – ce n'est pas dire grand-chose, disait le sociologue américain Talcott Parsons. Ce genre de pseudo-explication est parfois appelé « explications dormitives ». L'expression est empruntée au *Malade imaginaire* de Molière. Le bachelier, à qui l'on demande pourquoi l'opium fait dormir, répond : « L'opium fait dormir parce qu'il a une vertu dormitive ». Le fait d'avoir le pouvoir de faire dormir est inclus dans la constatation de départ ; il est précisément ce qu'il faut expliquer : l'explication proposée n'en est pas une.

Soit, diront certains, pour expliquer les conduites observables dans une population (sa culture), il faut aller au-delà des comportements et considérer, comme dans l'exemple pris plus haut du processus de socialisation, des institutions, des systèmes, des cadres qui façonnent les conduites – mais ces institutions, ces systèmes, ces cadres, ces institutions n'auraient-ils pas eux-mêmes une origine confucianiste ? En fait, ce n'est pas le cas.

Ce fait apparaît avec une particulière évidence dans le cas du processus de socialisation qui est un ancien trope de la société japonaise. Voici pourquoi. Les villages du Japon des Tokugawa étaient largement autogérés. Les variations locales étaient importantes, mais l'image qui suit est globalement correcte. Les samurais ayant pour la plupart quitté les campagnes, les villageois furent laissés à eux-mêmes pour autant qu'ils remplissaient leur première obligation vis-à-vis de leur seigneur : le paiement de l'impôt agricole, souvent en riz. À chaque village était typiquement assignée, sur la foi des relevés des terres, une quantité globale de riz à livrer, que le chef de village répartissait entre chaque foyer. Mais dans le village existait aussi un système de division, dit *gonin gumi*, qui rassemblait les foyers en groupes de quatre à dix pour former une unité très semblable au *gurupu* qui existe dans la plupart des écoles primaires aujourd'hui.

Le principe de co-responsabilité faisait que tous les foyers membres d'un de ces groupes, non seulement pouvaient être punis pour la faute de l'un d'entre eux, que les opérations de cession de terres, de mariage, de divorce devaient normalement recevoir l'approbation de tous, mais aussi que, dans le cas de l'impôt, tout manquement aux obligations d'une maison membre était comblé par ses voisins.

Ce schème existait sous des formes variées dans les milieux urbains et dans les corporations marchandes. Il provenait des anciens et universels systèmes de responsabilité collective. C'est ce schème, encourageant délibérément la pression latérale des pairs, avant la coercition des pouvoirs supérieurs, que l'on retrouve aujourd'hui encore systématiquement dans la société japonaise contemporaine, comme une figure du réservoir de la mémoire collective sollicitée dans les occasions les plus diverses. Il n'a rien à voir avec la culture confucianiste. Il a simplement émergé d'une longue histoire de contrôle et de lutte sur des terres convoitées et défendues par des cultivateurs, des propriétaires et des usurpateurs.

Pour conclure

Qu'était, que n'était pas, le confucianisme au Japon ?

Tout d'abord il n'était pas une culture.

Du fait qu'il ait été adopté avec enthousiasme, on ne saurait conclure qu'il a modelé la société japonaise. Bien au contraire, s'il a été adopté, c'est que certaines de ses propositions – son noyau dur en quelque sorte, plus rétif aux réinterprétations que les thèses périphériques – étaient déjà parties intégrantes des habitudes locales. Ses autres propositions ont été ignorées, tout simplement. Un ardent défenseur de la culture japonaise originale avant ses premiers contacts avec la civilisation chinoise rétorquait à un confucianiste qui faisait remarquer que les vertus portaient toutes un nom chinois : s'il n'y avait pas de nom indigène pour les vertus, c'est peut être simplement qu'elles étaient pratiquées naturellement sans que nul n'y prête attention ; elles avaient pour elles la couleur de l'évidence. Des pratiques comme le respect de l'autorité, la priorité du groupe existaient au Japon, voulait-il dire, sans que le confucianisme y fût pour quoi que ce soit, tout comme elles existent dans les communautés de statut, en Asie en Afrique, et dans l'Occident pré-moderne. L'explication des comportements ne se trouve pas dans l'« influence » de valeurs venues du continent, mais dans les traditions indigènes. Quelle meilleure démonstration que le confucianisme fut, moins qu'une culture, simplement un discours ?

Divers rôles et usages furent attribués à ce discours : acquérir un capital symbolique, distinguer les niveaux de culture, justifier des formes politiques, etc., mais surtout il fournit un vocabulaire. Les classiques confucianistes, leurs commentaires accumulés au fil des siècles ont fourni un langage pour dire le monde et ce que nous appelons la société, pour parler de la politique et de la morale. De même qu'en français nous pouvons établir des théories opposées, de même les penseurs qui se sont exprimés à l'aide de ce vocabulaire ont formulé des théories très différentes sur la nature, le monde, et même sur les vertus qui semblaient être le cœur même de l'enseignement de Confucius.

Confucius aujourd'hui

C'est bien parce qu'il s'est mis, et peut être mis, au service d'objectifs dissemblables que l'on assiste aujourd'hui à des tentatives de restauration du discours confucianiste. Des spécialistes américains du confucianisme y voient-ils une réponse aux maux de nos sociétés ? Eh bien, ils créent ce qu'on a appelé, par dérision sans doute, le « Boston Confucianism ». Des politiciens d'Asie, fermes dans leur rejet des pressions venant de l'Occident pour démocratiser leur pays, crient leur volonté de se protéger des mœurs décadentes de l'Ouest : aussitôt surgissent les « valeurs asiatiques », qui, en réalité, sont des valeurs confucianistes. Des érudits chinois voient-ils une opportunité pour faire valoir leur savoir et voguer sur une vague nationaliste ? Ils clament le « retour de Confucius » en Chine contemporaine. Le phénomène existe de pareille façon au Japon, pour des raisons identiques.

Des nostalgiques lancent parfois un appel pour réclamer un retour au *bushidô*, l'éthique souvent imaginaire des samurais d'autrefois. Des instituts, des clubs, des livres surgissent régulièrement. Leur objectif ? En réponse aux maux supposés de notre monde, diffuser les vertus de l'éthique confucéenne : la loyauté absolue, l'oubli de soi, etc.

On peut comprendre que certains soient séduits par ces appels. Nos sociétés encouragent des phénomènes et des tendances inquiétants : incertitudes, risques, instabilité, précarité, anomie, culte narcissiste de l'individu, matérialisme. Il n'est pas étonnant que certains veuillent croire que ces anciennes morales sont en mesure d'offrir des antidotes aux maux contemporains.

Et pourtant, comment le discours confucianiste pourrait-il aujourd'hui encore avoir la moindre pertinence ? Comment un enseignement conçu pour une société de statuts serait-il capable de nous apporter des idées dont nous n'aurions jamais eu l'intuition si nous ne l'avions étudié ? Il n'est pas question de nier que les morales du passé recèlent parfois des leçons utiles à nos contemporains. Cependant, pour repérer ces leçons, ne faut-il pas d'abord analyser nos besoins ? Ces morales ont été bâties pour des mondes très différents ; en conséquence, il faut sélectionner et, pour ce faire, déjà savoir ce que l'on veut retenir et ce qu'il convient de rejeter. Autre objection : comment le confucianisme pourrait-il nous apporter l'esprit critique, la liberté, le goût de l'innovation ou de l'aventure, l'appréciation de la diversité, la tolérance, dont nous avons grand besoin ? Il nous appartient de faire l'arbitrage entre ces vertus, aujourd'hui considérées comme essentielles, et celles que nous avons perdues : aucune solution toute faite n'est disponible. Pourquoi alors se tourner vers les morales d'autres mondes ?

Décidément : il n'était pas, il n'est toujours pas nécessaire de faire voyager Confucius.

Les publications d'AnimaViva multilingüe

Golden Nihon Collection

dirigée par Jacques KERIGUY

IKKYÛ. L'impertinence au service de la foi

Sôshô YAMADA, 2012

livre imprimé ISBN 978-99920-1-966-5 (bilingue français/japonais)
(en préparation: e-books; et version française seule)

Penser le nucléaire. Autopsie d'une illusion

Hiroaki KOIDÉ, 2015

Postfaces Jean-Jacques DELFOUR/René de CECCATTY
livre imprimé ISBN 978-99920-68-06-9 ; ePub et mobiKindle en préparation
(français; version anglaise en préparation)

L'Étrange voyage de Confucius au Japon

Olivier ANSART, 2015

livre imprimé français ISBN: 978-99920-68-07-6
Epub: ISBN: 978-99920-68-08-3
Mobi: ISBN: 978-99920-68-09-0
(français et anglais)

<u>En préparation</u> :

Kumagusu MINAKATA, un encyclopédiste entre Orient et Occident

Satoshi OHARA, Jean-Christophe VALMALETTE, 2015

Préface Claudine HAROCHE
livre imprimé et e-books (français, anglais en préparation)

Gidayû TAKEMOTO. Voix de la poupée

Akiko ÔTA, 2016

livre imprimé et e-books (français)

Golden Tagore Collection

The Original Gitanjali by Rabindranath Tagore

Rabindranath TAGORE / Udaya Narayan SINGH (narration, analysis, translation), 2014

ISBN 978-99920-68-04-5 (mobiKindle)
ISBN 978-99920-68-25-0 (ePub)
ISBN 978-99920-68-05-2 (livre imprimé, 2015)
(anglais, espagnol, catalan, français)

Collection Essais

Ecriture et Plasticité de Pensée
Marc-Williams DEBONO, 2013
Préface Michel CAZENAVE
ISBN 978-99920-68-28-1 (mobiKindle)
ISBN 978-99920-68-19-9 (ePub)
livre imprimé en préparation (français)

En préparation :

L'essence de l'amour selon Søren KIERKEGAARD
Francesc TORRALBA, 2015
livre imprimé, e-books, (français, anglais, espagnol, catalan)

DALAI LAMA et Carl Friedrich von WEIZSÄCKER
Agir ensemble, 2015
livre imprimé, e-books, (français, anglais, tibétain, allemand)

Golden Gibran Collection

En préparation :

Le Prophète
Kahlil GIBRAN, 2015
livre imprimé, e-books, (français, anglais, espagnol, catalan, arabe)

Collection Accents
dirigée par Heinz WISMANN

En préparation :

Avant la philosophie
Arnaud VILLANI, 2015
livre imprimé, e-books, (français)

Penser le design
Jean Philippe TESTEFORT, 2015
livre imprimé, e-books, (français)

Danse des éthiques
Heinz WISMANN, 2015
livre imprimé, e-books, (français, anglais)

Devant la mort
Lise HADDAD, 2015
livre imprimé, e-books, (français)

Collection Poésie

Eloge de l'impossible
Angel IYÉ, 2015
livre imprimé, e-books, (français, catalan)